Research on
Pricing Issues of
Sharing Economy Platforms

社科博士论文文库
Social Sciences Doctoral Dissertation Library

共享经济平台的定价问题研究

王春英 著

上海社会科学院出版社
SHANGHAI ACADEMY OF SOCIAL SCIENCES PRESS

社科博士论文文库

总　序

　　博士研究生培养是一个人做学问的重要阶段。有着初生牛犊不怕虎的精神和经邦济世雄心的博士研究生,在读博期间倾注大量时间、心血学习,接触了广泛的前沿理论,其殚精竭虑写就的博士论文,经导师悉心指导,并在专家和答辩委员会修改意见下进一步完善,最终以学术性、创新性和规范性成就其学术生涯的首部精品。每一位有志于从事哲学社会科学研究的青年科研人员,都应将其博士学位论文公开出版;有信心将博士论文公开出版,是其今后能做好学问的底气。

　　正因如此,上海社会科学院同其他高校科研机构一样,早在十多年前,就鼓励科研人员出版其博士论文,连续出版了"新进博士文库""博士后文库"等,为学术新人的成长提供了滋养的土壤。基于此,本社拟以文库形式推出全国地方社会科学院及高校社科领域的青年学者的博士论文,这一办法将有助于哲学社会科学领域的优秀成果脱颖而出。根据出版策划方案,本文库收录的作品具有以下三个特点:

　　第一,较高程度掌握学科前沿动态。入选文库的作者以近3年内毕业的博士为主,这些青年学子都接受过严格的学术训练,不仅在概念体系、研究方法和研究框架上具有相当的规范性,而且对研究领域的国内外最新学术成果有较为全面的认知和了解。

　　第二,立足中国实际开展学术研究。这些论文对中国国情有相当程度的把握,立足中国改革开放过程中的重大问题,进行深入理论建构和学术研究。既体现理论创新特色，又提出应用对策建议，彰显了作者扎实的理论功底和把论文写在祖国大地上的信心。对构建中国学术话语体系，增强文化自信和道路自信起到了积极的推进作用。

第三，涵盖社科和人文领域。虽是社科博士论文文库，但也收录了不少人文学科的博士论文。根据策划方案，入选论文类别包括当代马克思主义、经济、社会、政治、法律、历史、哲学、文学、新闻、管理以及跨学科综合等，从文库中得以窥见新时代中国哲学社会科学研究的巨大进步。

这套文库的出版，将为理论界学术新人的成长和向理论界推荐人才提供机会。我们将以此为契机，成立学术委员会，对文库中在学科前沿理论或方法上有创新、研究成果处于国内领先水平、有重要理论意义和现实意义、具有较好的社会效益或应用价值前景的博士论文予以奖励。同时，建设上海社会科学院出版社学者库，不断提升出版物品质。

对文库中属全国优秀博士论文、省部级优秀博士论文、校级优秀博士论文和答辩委员会评定的优秀博士论文及获奖的论文，将通过新媒体和新书发布会等形式，向学术界和社会加大推介力度，扩大学术影响力。

是为序！

上海社会科学院出版社社长、研究员

2024年1月

前　言

　　近年来,共享经济在全球兴起,主要以共享出行平台 Uber(优步)和共享短租平台 Airbnb(爱彼迎)为代表,随着不断地发展,共享经济已经覆盖了生活的各个方面。共享经济以其节约社会资源、满足客户不同需求和体验的优势,使"共享"的理念越来越得到人们的认可。共享短租平台 Airbnb 已经于 2020 年在美国纳斯达克上市。Airbnb 官网数据显示,截至 2022 年,其全球房源数量超过 700 万间,分布在 220 多个国家和地区的 10 万多个城市。Uber 于 2019 年 5 月上市,为全球 70 多个国家的 400 余座城市提供共享出行服务。

　　共享经济出现已有 20 多年,它经历了哪些阶段,特点是什么?共享经济平台的定价问题既包括平台对供给端和要求端用户的定价,也包括供给端对其提供的物品或者服务的定价问题,那么共享经济平台对两边用户的定价策略受哪些因素的影响?与传统的专业平台竞争时,如何使定价更具优势?另一方面,供给端提供的产品或服务具有"共享"的性质,且差异化程度较高,因此,供给端对其提供的物品或服务进行自主定价。本书将围绕垄断和竞争条件下,共享经济平台的定价策略及供给端用户的定价特征展开研究,旨在对共享经济有一个更加全面和深刻的认识。

第一,本书对共享经济、共享经济平台及专业平台等基本概念进行了界定,梳理了共享经济发展的三个阶段(萌芽阶段、最初发展阶段及发展成熟阶段)在供给端和需求端的特点,分析了共享经济平台与专业平台的差异。本书主要的研究对象是轻资产运作、双边平台模式的共享经济平台。

第二,书中分析了共享经济两个发展阶段的定价策略。在最初发展阶段,平台上主要是闲置资源的供给,供给端具有低回报的要求;而在发展成熟阶段,平台上出现了专业的共享资源供给者,这类供给者具有高回报的要求。通过理论模型,分析共享经济平台在这两个不同的发展阶段的定价策略发现,用户间的交叉网络外部性强度越高,则平台对两边用户的定价越低;平台对供给端的定价与其交易成本成反比;平台对消费端的定价与共享资源的差异化水平成反比;平台对两边用户的定价还受交易频率、闲置资源回报率的影响。在发展成熟阶段,供给端的两类供给者的回报率之比越高,平台对供给端的定价也会越高,接入平台的专业供给者越多,平台对消费端的定价越低,接入规模也越高,平台获得的利润也越多。对比不同发展阶段下的定价策略可发现:在发展成熟阶段,共享经济平台对供给端定价较高,接入平台的两边用户数量较多,同时随着交叉网络外部性强度的提高,共享经济平台也可以获得更高的利润,带来更多的社会福利。

第三,分析了竞争条件下共享经济平台与专业平台竞争时的定价策略。首先,根据共享经济平台与专业平台之间的差异,基于Hotelling(霍特林)模型建立两个平台竞争时的定价策略模型,主要从以下视角分析:两端用户接入平台的初始价值差异、平台间的差异程度、平台上产品的多样化程度、交叉网络外部性强度。其次,通过构建理论模型,研究了两个平台在竞争时,影响两边用户定价和利润的因素,同时分别研究了两个平台顺序进入市场时的均衡定价和平台利润,结果发现:(1)供给端对平台间差异的敏感程度越高,两个平台对供给端的定价越高;平台两边用户的交叉网络外部性强度越大,两个平台对供给端的定价越低;供给者加入两个平台的初始效用差异越大,即加入共享经济平台的初始效用越高,则共享经济平台对供给端的定价越高;加入专业平台的初始效用越低,则专业平台对供给端的定价越低。(2)共享经济平台对消费者的定价受消费者多样化需求的影响程度较专业平台更高;交叉网络外部性强度越大,则两个平台对消费端的定价越低;加入专业平台给消费者带来的初始效用越大,则共享经济平台对消费者的定价越低;加入共享经济平台给消费者带来的初始效用越低,则专业平台对消费者的定价越高。研究还通过建立价格领导模型及逆序归纳法,分析了共享经济平台和专业平台顺序进入的情形。通过对相关参数赋值,以及对两个平台的定价策略和最大利润进行数值模拟分析,发现在不同视角下,随着相关参数的逐渐增长,共享经济平台在后续进入市场时,具有更强的定价优势,可获得更多利润,可以看出共享经济平台具有很强的后进优势。

第四,影响共享经济平台上供给者共享物品定价的因素、异质供给者的定价差异也是研究考察的重点。本研究使用共享短租平台的相关数据对这两个问题进行了描述性分析和实证分析。首先,分析了共享短租平台的共同特征:(1)房源以整套出租为主,而更贴近"共享"(与房东或者房客合住)的独立单间的数量在下降;(2)出现了具有一定规模房源的房东,且这部分房东占比在上升;(3)市场集中程度较低,行业的竞争程度高;(4)房东中自由职业和专业房东的比例较高。其次,从房源的住宿价格出发,利用OLS(普通最小二乘法)回归和分位数回归的方法,从专业平台影响因素、房源特性、配套设施、房东特性、消费者评论、区位及房价等因素出发,分析了影响房东定价策略的因素,可以对不同分位数房东的定价策略提供一定的指导。通过分析住宿价格的影响因素,可以得到共享经济的一些特点:共享经济带来旅行成本的节约;"共享"性质较强的独立单间房源定价较低,这和其是闲置资源、具有低回报要求相关;专业平台上酒店的定价对共享房源的定价产生正向影响,存在一定的竞争关系,特别是与低价位房源竞争更明显;房东的房源数量对该房源的住宿定价有显著的正向的影响。最后,根据房东的房源数量,将房东主要分为两大类:专业房东和业余房东。将专业房东根据房源的数量更进一步细分,继续进行OLS回归、边际效应分析和稳健性检验,结果发现专业房东的定价比业余房东的定价要高,而且房源数量越多,专业房东的定价越高,主要是因为业余房东的低回报要求及专业房东的高回报要求。因此通过对供给端定价进行研究,不仅印证了共享经济平台与专业平台的竞争关系,也印证了在共享经济发展成熟阶段,平台上存在两类异质供给者,他们对其提供的共享资源有不同的回报要求。

第五,本书还梳理了共享经济平台在发展中遇到的突出问题,对共享经济平台的创新发展提出建议,主要包括平台层面和政府层面。平台层面:一是要根据供需两端用户的特点对两端用户进行合理定价,避免恶性竞争,注重平台上共享资源的多样化、差异化,以满足消费者的不同需求;二是要对接入平台的用户进行更加审慎的身份审核,利用获得的大数据与政府合作,共建个人信用体系,以保证用户的人身安全。政府层面:一是政府需有效界定共享经济平台的性质、平台与用户的关系,出台适用于共享经济平台的法律法规;二是对竞争中出现的低价补贴等扰乱市场秩序的行为予以监管,维护市场秩序;三是鼓励供给端规模化不明显的共享经济平台的发展;四是对平台是否滥用市场地位进行有效测度,避免垄断的产生。

目 录

总 序 ……………………………………………………… 1
前 言 ……………………………………………………… 3

导 论

第一节 研究背景 …………………………………………… 3
第二节 核心概念界定 ……………………………………… 24
第三节 主要研究内容 ……………………………………… 28

第一章 | 文献综述

第一节 平台定价策略研究 ………………………………… 39
第二节 共享经济的相关研究 ……………………………… 46
第三节 共享经济平台供给端定价及相关研究 …… 60
第四节 共享经济监管的相关研究 ………………… 66
第五节 文献述评 …………………………………………… 71

第二章 | 不同发展阶段下共享经济平台的定价策略

第一节 共享经济的发展阶段及特点 ……………… 75

第二节　最初发展阶段共享经济平台定价策略分析

　　　　　　　　　　　　　　　　　　　　　　　　83

第三节　发展成熟阶段共享经济平台定价策略分析

　　　　　　　　　　　　　　　　　　　　　　　　87

第四节　共享经济发展两个阶段的定价策略对比……95

第五节　案例分析……………………………………99

第三章ǀ共享经济平台与专业平台竞争时的定价策略分析

第一节　共享经济平台与专业平台的区别…………109

第二节　共享经济平台与专业平台的定价策略分析

　　　　　　　　　　　　　　　　　　　　　　　　112

第三节　两平台顺序进入市场时的均衡分析………122

第四节　数据模拟分析及讨论………………………127

第五节　案例分析……………………………………135

第四章ǀ共享短租平台供给端定价特征分析

第一节　共享短租平台特征分析……………………146

第二节　共享短租平台房源定价影响因素…………150

第三节　共享短租平台房东特征对房源定价的影响

　　　　　　　　　　　　　　　　　　　　　　　　168

第五章ǀ共享经济平台的发展建议

第一节　共享经济平台与用户关系…………………183

第二节　共享经济平台出现的问题…………………186

第三节 共享经济平台的监管现状 …………… 192

第四节 共享经济平台的创新发展建议 …………… 196

第六章 | 结论与展望

第一节 主要结论 …………… 207

第二节 研究展望 …………… 212

参考文献 …………… 214

后记 …………… 230

导 论

- 第一节 研究背景
- 第二节 核心概念界定
- 第三节 主要研究内容

导 论

第一节 研究背景

一、平台经济的发展

（一）平台经济发展现状

21世纪以来，平台经济的兴起和发展主要得益于互联网技术及移动互联网技术的发展，包括网络技术带来的交易成本、搜索成本的下降，以及人们通过平台获取信息、服务或者购买商品。它是由数据驱动、平台支撑、网络协同的经济活动单元所构成的新经济系统，是基于数字平台经济的各种经济关系的总称。

平台经济已经成为全面整合产业链和提高资源配置效率的新型经济模式，依托数字平台的发展而不断壮大。数字平台连接两边用户，对两边用户完成交易起到重要的连接作用，一般不提供产品，通过对两边用户收取一定的服务费获得收益。主要模式如图1所示。

图1 平台经济的一般模式

平台两边的用户，称为卖方和买方，卖方通过平台，出售相关的商品或者服务；买方通过平台，购买相关的商品或者服务。两边用户通过平台实现买卖交易，并向平台支付一定的费用。其实，平台在很早之前就已经存在，比如古代的媒婆以及现在的集市、商场等，但是在互联网技术出现以前，没有形成真正的平台经济。在互联网背景下，依托各种新的数字技术，才形成了真正的平台经济。

平台上交易的完成一般不需要两边用户的真正接触，它跨越了地理区间的障碍,降低了交易成本,同时由于依托互联网技术,平台经济也大大降低了搜索成本。

平台经济的快速发展除了得益于互联网技术的飞速发展,还由其自身的特征所推动。可以从产业经济学的双边市场理论进行分析。双边市场理论在进入 21 世纪后引起了学术界的广泛关注,这一理论也是分析平台经济的理论基础,最早是由罗歇(Rochet)和梯若尔(Tirole,2003)提出的,他们认为当一个平台对两边用户的定价总水平 $P = P_B + P_S$ [①]不变时,任何一端用户价格的变化都会对平台的总需求和交易量产生直接的影响,这个平台市场就是双边市场。近年来,这一理论不断被创新发展,成为分析平台经济的主要理论依据。

双边市场理论中描述了平台经济的一些特征,最突出的特征是平台两边用户间存在"交叉网络外部性",即平台两边用户相互吸引,接入平台一边的用户数量和收益,受平台另一边用户数量和收益的影响。通常来说,平台两边用户存在着不同强度的交叉网络外部性:交叉网络外部性强的一边的用户能吸引更多的另一边的用户接入平台。由于用户间的交叉网络外部性强度不同,平台对两边用户的定价也不同,即平台的"非对称定价"。平台对两边用户的定价受交叉网络外部性强度的影响,平台往往对交叉网络外部性强度大的一边的用户收取较低的服务费甚至不收取费用,促使平台这一边接入更多的用户,从而吸引交叉网络外部性强度较低的一边的用户的接入,而对交叉网络外部性强度较低的一边的用户收取较高的费用,定价总水平 $P = P_B + P_S$。通常会发现,平台型企业只对一边用户收取服务费,而对另一边实行免费接入的政策。像搜索平台、电商购物平台、网约车平台、民宿平台等,这些平台都只是对接入平台的商

---

① P_B 为平台企业向一边用户 B 索取的价格,P_S 为平台企业向另一边用户 S 索取的价格;P 为平台向两边用户索取的价格总水平。

家收取一定比例的佣金(即服务费),而对接入平台的消费者免费。

平台经济由于具有双边市场的这些特征,在建立初期,往往采用免费或者补贴的方式吸引用户的接入,接入平台的用户越多,则会吸引更多的另一边用户的接入。交叉网络外部性的存在使平台上的用户像"滚雪球"一样越来越多,因此平台型企业可以在较短的时间内迅速发展,呈现蓬勃发展的迹象。

平台经济涉及的领域已经渗透到生活的方方面面,从最早的搜索平台,到购物平台,再到外卖平台、网约车平台、在线旅游平台、民宿平台、工业互联网等。可以看出,很多行业都出现了平台型企业,平台经济已经成为整个社会发展中不可缺少的商业模式,平台型企业也起到举足轻重的作用(见表1)。

表1 平台经济覆盖的具体领域及部分相关平台

具 体 领 域	相 关 平 台
搜索市场	谷歌、百度
网络购物	亚马逊、天猫、京东
外卖市场	饿了么、美团、口碑
社交市场	Twitter(推特)、Facebook(脸书)、微信、微博
网约车市场	Uber、lyft(来福车)、滴滴、嘀嗒、曹操出行
在线旅游	携程、去哪儿、马蜂窝
民宿市场	Airbnb、蚂蚁短租、途家、小猪民宿
互联网医疗	平安好医生、好大夫在线、微医
在线教育	网易公开课、腾讯课堂、沪江网校
工业互联网	海尔智家、阿里云、航天云网

平台经济已经成为推动全球经济发展的重要力量,全球有影响力的企业大都是平台企业,如 Meta Platforms(元平台,原 Facebook)、谷歌、亚马逊等。根据胡润500强(2023)榜单显示,前十名的企业都是科技型企业,且都是采用双边或者多边平台形式运作的平台企业。独角兽排行榜中,也大多数是平台企业(见表2)。

表 2 胡润全球独角兽榜(2023)

排名	企业信息	企业估值(亿元)	行业
1	字节跳动	13 800	社交媒体
2	SpaceX(太空探索技术公司)	9 450	航天
3	蚂蚁集团	8 300	金融科技
4	Shein(希音)	4 500	电子商务
5	Stripe(斯特赖普)	3 800	金融科技
6	微众银行	2 300	金融科技
7	Databricks(数据砖)	2 150	大数据
8	Telegram(电报)	2 070	社交媒体
9	Revolut(瑞博信)	1 950	金融科技
10	菜鸟网络	1 850	物流

阿里研究院的报告显示,2016 年,中国电子商务交易额超过 20 万亿元,网民 7.1 亿,互联网普及率达到 51.7%,平台经济已经占据了 GDP 的10.5%。截至 2017 年 7 月,全球十大平台经济体市值已经超过十大传统跨国公司(见图2),其中中国公司占三席。阿里研究院与德勤在 2017 年发布的《平台经济协同治理三大议题》中预测,到 2030 年中国平台经济规

模将突破100万亿元。通过这些数据也可以看出,我国的平台经济发展非常迅速,未来的发展规模也将不断扩大。

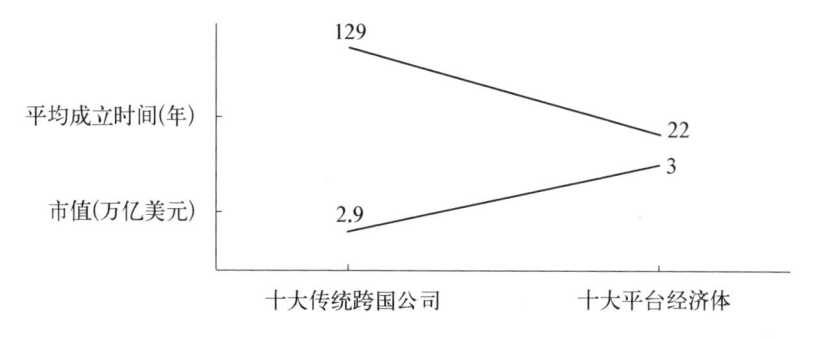

图2 十大平台经济体和十大跨国公司

注:市值基于2016年12月23日收盘价计算。
资料来源:阿里研究院。

中国信通院发布的《平台经济发展观察2023》报告显示:全球市值前十大平台企业分别为苹果、微软、谷歌、亚马逊、腾讯、Meta、阿里巴巴、美团点评、奈飞和拼多多。2020—2022年,十大平台企业营收的年均复合增长率为18.3%,营收总额从1.08万亿美元增长到1.79万亿美元;毛利润的年均复合增长率为19.3%,毛利润总额从5271.8亿美元增长到8941.7亿美元。

截至2022年12月底,全球价值超百亿美元的互联网平台企业共70家,价值规模约9.2万亿美元。其中美国平台有26家,价值规模约6.8万亿美元,占总规模的73.9%。我国平台有28家,价值规模约2万亿美元,占总规模的21.7%。可以看出,中国和美国是世界上平台经济发展较快的国家。截至2022年底,我国市场价值超10亿美元的互联网平台企业有167家,价值规模为2.37万亿美元,其中腾讯、阿里巴巴、抖音、美团、蚂蚁金服等头部的5家平台企业价值规模总计约1.3万亿美元,占互联网平台企业总量的55%。

我国上市平台企业 2022 年年度报告数据显示，腾讯、阿里巴巴、美团等 17 家上市平台企业的营收总额稳定，为 3.41 万亿元；净利润总体呈增长态势，为 2 612 亿元，同比增加 29.89%。企业纷纷布局云计算、AI 驱动等创新业务领域，培育发展新动能。《平台经济发展观察》显示，我国价值前十的平台企业在先进制造、汽车交通等科技领域共投资 53 笔，占 33.1%，同比提升 16.1 个百分点，其中：腾讯在先进制造领域投资占比由往年的个位数增至 14%；海外投资占比基本翻番，占 40%。抖音则加码企业服务相关领域，该行业的投资占比为 23%；其次是硬科技相关的智能硬件领域，占 17%。此外，我国头部平台投资还呈现出投早、投小的新特征。我国一级市场早期投资占比自 2020 年以来逐年上升，2022 年达到 61%。平台企业投资也显现相同趋势。例如，腾讯的早期投资占比从 2021 年的 28% 增长至 2022 年的 41%，阿里的早期投资约占总投资数量的一半。

(二) 平台经济的垄断问题

平台经济的发展也产生了一些问题，比如大数据杀熟、"二选一"等垄断行为陆续发生，这同平台经济的特点分不开，从双边市场理论出发，垄断产生的主要原因有以下几个方面：

1. 轻资产运作、进入门槛低，容易进行业务扩张

根据双边市场理论，平台仅仅是连接平台两端用户的桥梁和纽带，无须像传统企业一样购置生产设备，投入资产较少。因此平台型企业轻资产运作，这使得平台经济的进入门槛较低，并且容易进行业务扩张。最初平台型企业一般是采用双边平台模式，即平台的双方仅有一类供给者和一类消费者。但是由于轻资产运作，在平台搭建完成后，随着一端用户数量的不断增多（通常是消费端），平台在供给端继续拓展其他业务，吸引另一类供给者的接入，从双边市场扩展到多边市场。业务扩张在传统企业

中也存在,但是传统企业的业务扩张主要是横向扩张或者纵向扩张,其新的业务也和原先的业务有较大的联系,而平台型企业各业务间的相关性可能较低,如外卖平台可以扩张打车业务、社交平台可以进行支付等。拥有一定用户流量的平台型企业容易不断进行业务扩张,形成超级平台。

2. 交叉网络效应和自网络效应容易形成用户黏性

双边市场理论中,平台两端用户存在着交叉网络外部性,平台型企业通过搭建平台,连接两边的用户。接入平台一边的用户越多,越能吸引平台另一边用户的接入,反之亦然。同时,平台同一边的用户还存在一定的自网络效应,即同一边用户之间也存在相互吸引的效应,如外卖平台、社交平台的消费端存在很明显的自网络效应,接入平台的消费者越多,越能吸引更多消费者的接入。由于交叉网络效应和自网络效应,平台容易形成一定的用户黏性,用户从原先的平台转移到另一平台的成本也会变高,用户就更倾向于继续在原先的平台上交易,用户对该平台的依赖性也越强。因此由于交叉网络效应和自网络效应的存在,该平台两端的用户也越来越多,出现"赢家通吃"的局面,在某一领域占据具有垄断性质的市场份额。

3. 海量的高频微观数据,形成数据集中优势

数字经济时代,数据已经逐渐成了经济发展中不可或缺的生产资料,成为关键的生产要素。根据双边市场理论,平台经济的直接参与方包括平台、供给者(卖方)和消费者(买方)。买卖双方在相关平台进行交易。平台是连接两边用户的中介。买卖双方在交易时产生了大量的用户信息、商品信息等。随着互联网技术的发展,人们通过平台进行的线上交易也越来越频繁,这些因交易产生的高频微观数据被为两边用户提供服务的平台所拥有,通过一定的数据加工就可以精确地对每一个用户进行全方位的分析,通过分析数据可以对用户特征和行为进行精确的预测。一些大的平台可以通过数据优势,区别对待不同性质的商家和消费者;同时

平台拥有的数据信息越多,在其所处的领域中越具有优势,越能排挤一些新的进入者,限制了竞争,产生数据垄断的可能。

因此基于双边市场理论,平台经济的迅速发展得益于其自身的发展特点,如用户的交叉网络效应、定价的非中性等,但是这些特点,在一定程度上又使平台经济容易产生垄断,平台经济发生垄断主要包括以下几种情况:

一是滥用市场支配地位。由于平台经济具有双边市场的特点,平台两边的用户存在着交叉网络外部性,接入平台一端的用户越多,给平台另一端用户带来的效用越大,因此越吸引另一端用户的接入。而且平台型企业一般是冷启动,不断地融资、对两边用户进行补贴等吸引用户流量的方法会使平台越做越大,接入的用户越来越多,容易出现"赢家通吃""一家独大"的情形。在双边市场理论中,通常认为平台两边的用户可以自主选择相同领域的不同平台,即用户可以"多归属",当某一行业平台拥有的市场份额、市场势力足够大时,会出现滥用市场地位的情形。比如,平台与用户签订排他性协议,规定用户在选择同一类型平台时进行"二选一",违背了平台用户的"多归属"属性。

近些年互联网行业"二选一"的案例也屡有发生。国内最早的是奇虎360和腾讯发生的"3Q大战"事件。腾讯宣布装有360软件的电脑不能运行QQ,必须卸载360才可以登录QQ。2010年,双方为此事展开了一系列的互联网大战,最后诉诸法律。虽然最终判决结果认定QQ不具备市场支配地位,奇虎360败诉。但是平台"二选一"给消费者和商家带来的损失已然出现。国际搜索平台谷歌滥用其市场支配地位,迫使谷歌广告(AdSense)的客户签署排他性协议,声称自己不接受竞争对手搜索引擎的广告。这个"二选一"条款最终被欧盟反垄断委员会认定为垄断行为,并处14.9亿欧元的罚款。2015年,京东起诉天猫滥用市场地位,迫使用户"二选一",最终法院判定天猫赔偿两原告10亿元。2019年,格兰仕与天猫也因为平台迫使用户"二选一"进行诉讼。可以看出大平台利用其市场势力强迫商家签订排他性协议的事件时有发生。排他性协议也带来了一系列的不良影响,给商家和消费者带来了很大的损失。

平台滥用市场支配地位的行为还包括优先销售推广平台自营商品。2017年6月,欧盟委员会认定谷歌公司滥用其市场支配地位,在搜索结果中优先推广自己而屏蔽竞争对手的购物比较网站,根据反垄断法,对谷歌公司处以24.2亿欧元的罚款;2018年7月,谷歌又因其滥用其自有的安卓系统的主导地位以确保其搜索引擎的霸主地位,被欧盟处43.4亿欧元的罚款。

二是平台型企业的合并或收购。企业合并问题一直是经济社会中反垄断当局较关注的现象,平台型企业由于交叉网络外部性的存在,先进入的平台通过各种吸引用户流量的方式将平台做大做强,对于后进入的、相对市场实力较弱的平台,大平台往往通过合并的方式减少竞争。某一行业的平台合并以后将占有大部分的市场份额,拥有较强的市场势力。以滴滴打车和快的打车合并事件为例,滴滴打车和快的打车都成立于2012年,两个公司成立之初,向社会资本融资,为了抢夺市场份额和用户流量,对平台两边用户疯狂补贴,进行"烧钱大战";2015年2月14日,两家公司完成了合并,合并后占当时打车市场的99.8%份额,也引起各界对其是否涉及垄断的猜测;网约车鼻祖Uber在2014年初也已进入中国市场,但是随着滴滴打车和快的打车的合并,刚进入中国市场的Uber显得后劲不足,竞争优势并不明显;2016年8月,滴滴出行与优步中国宣布合并,合并后滴滴专车占据了85.3%的份额;2018年11月,市场监管总局对滴滴优步合并案进行反垄断调查,但是由于平台型企业的反垄断调查存在一定的难度,此案至今尚未公布结果。

国际上也有大平台型企业因收购小平台型企业构成垄断而遭受监管当局反垄断调查的事件。2018年3月,网约车平台Uber将其东南亚业务与其竞争对手Grab(格步)进行了合并;同年7月,新加坡监管竞争机构认定这次合并推高了乘车费用,对Uber和Grab分别处以不同程度的罚款,并对它们的业务进行了限制,以便向竞争对手开放市场。2020年12月,美国联邦贸易委员会对Facebook的非法垄断行为正式提起诉讼,重点调查事件是:2012年和2014年,Facebook分别收购了Instagram(照片墙)和WhatsApp(瓦次丽)。监管当局认为Facebook收购Instagram和WhatsApp后,在美国个人社交网络市场拥有垄断权,该反垄断诉讼正在调查中,如果最终确认为垄断情形,Facebook或将剥离Instagram和WhatsApp。

  平台型企业的合并或收购,如果占据大部分的市场份额,具有垄断地位,造成经营者集中,会在一定程度上损害消费者和商家的基本利益。从双边市场理论来分析,合并后的平台如果具有垄断势力,在同一行业中没有可以与之竞争的其他平台,那么两边用户对这一平台的依赖性变强,用户的转移成本变高,平台就掌握了对两边用户的定价权,用户的议价能力将降低。以合并后的滴滴出行为例,滴滴出行平台上司机获得订单的方式已经有了很大的改变,从最初司机自行在平台上抢单,变为平台根据算法派单给司机,虽然派单在一定程度上具有合理性,但司机的主动权被削弱。另一方面,如果同一行业内,仅存在具有垄断势力的单一平台,用户的多归属属性消失,这在一定程度上也削弱了用户的多重选择权。所以平台在合并后,若产生了垄断情形,则会给平台两边的用户带来一定程度的损失。

  三是数据垄断。平台型企业由于拥有大量的用户流量,在用户接入平台并在平台上进行交易时,会产生海量的用户和交易数据信息,而这些信息被平台所拥有,成为平台的私有财产。在数字经济时代,数据作为新型的生产资料,可以给平台带来一系列的效益。原则上来说,数据是用户在平台上交易时产生的,平台拥有这些用户数据具有一定的合理性。平台可以对用户的相关数据信息进行技术分析,如年龄、区域、经常购买的商品等差异化特征,刻画出用户的爱好,对用户进行精准营销。但是近些年也出现了平台滥用用户数据,进行不正当竞争的行为,产生了数据垄断。2012年2月,德国反垄断机构认定Facebook在未经用户同意的情况下收集第三方用户和设备的相关数据,对其进行反垄断调查,最终处以10万欧元罚款;2020年10月,欧盟经调查初步认定,网络购物平台亚马逊滥用"大数据",通过一定的算法,对推出何种新产品、如何定价以及如何选定最优供货商进行决策,从而专注于销售最畅销的产品,边缘化第三方卖家。

这些反垄断调查事件的起因在于平台对用户数据的不正当使用,产生了基于用户数据的垄断行为。由于平台拥有大量的用户隐私数据,这些数据一旦被平台用于不正当竞争,排挤新的市场进入者,就会形成垄断势力,会给平台两端的用户带来一定的损害,因此数据垄断也是在平台经济背景下的一种新型的垄断形式。

由于平台经济是比较新的商业组织形式,正确判定平台型企业是否存在垄断问题,存在一定的难度。

一是对相关市场的界定。平台经济由于其组织形式的特殊性,其两端存在交叉网络外部性,占据先行优势的平台,在拥有用户流量后,极易产生"雪球效应",平台越做越大,变成超级平台,但是"大"平台并不一定是"垄断"平台,如果大平台运用其市场势力,滥用市场支配地位,损害平台两端两户的利益,这样即为平台垄断。平台经济由于其时代性和特殊性,与传统的单边市场的商业模式有所不同,对其监管也应该需要充分考虑平台经济的相关特点。在数字经济时代,对于某一平台型企业所处的相关市场很难有效界定,大部分平台型企业声称自己是"科技公司",而不是"零售公司""打车公司"或"支付公司"等,而且平台型企业由于交叉网络外部性的存在,在拥有用户流量后,容易不断进行跨界扩张,所涉及的领域既不是横向相关也不是纵向相关,从双边市场扩张到多边市场。因此在平台经济中,需要根据某个平台发生垄断争议的某相关领域市场进行反垄断调查。

二是对具备垄断能力和滥用垄断支配地位的界定。大平台如果在充分竞争的情形下,由于规模经济和范围经济的存在,在一定程度上可以给平台两端用户带来更多的选择和用户,从这个角度来讲,并不一定会带来社会利益的损失。但是如果超级大平台运用其市场势力滥用市场支配地位,就会产生垄断,对整个社会的福利带来一定的损失。在平台经济中,断定某一平台是否滥用其市场地位存在一定的难度,传统的反垄断监管一般运用"勒纳指数"来测度垄断势力。勒纳指数计量的是价格偏离边际成本的程度,价格越是高于边际成本,表明垄断势力越强。在传统的单边市场中,勒纳指数较容易计算,只要将企业制定的商品价格和其边际成本的差额与商品价格作商即可得出勒纳指数。但是在平台经济中,平台对两边用户的勒纳指数并不容易测度,即使可以测度出来,也不能简单将其作为评判平台垄断势力的标准,这主要由于平台经济的特征,在互联网行业中增加一个用户,平台需要增加的成本(边际成本)可能为零,即零边际成本。同时,由于平台型企业对两边用户的定价是由两边用户的交叉网络外部性强度、平台的产品的需求价格弹性等因素决定的,平台可能为了吸引用户对一边的用户采用免费接入的政策,而对另一边的用户采取收费接入的政策来弥补定价损失。因此,平台对于某一边用户测度的勒纳指数并不能作为评判平台对该端用户存在垄断势力的标准,对于平台经济的垄断势力的测度应该对两端用户的勒纳指数进行综合评价,另外还需要考虑用户剩余和整体社会福利,不能只是用单独的勒纳指数进行评判。

可以看出,平台经济的规制问题伴随着它的发展而日益重要,我国政府也在积极推动平台经济的发展。2019 年 8 月 13 日,国务院办公厅发布了《关于促进平台经济规范健康发展的指导意见》,指出为推动平台经济的发展,政府会更加优化、完善市场准入条件,降低企业合规成本;创新监管理念和方式,实行包容审慎监管,鼓励发展平台经济新业态,加快培育新的增长点;优化平台经济发展环境,夯实新业态成长基础等,尽快推动完善社会信用体系,在网约车、共享单车、汽车分时租赁等领域,建立健全身份认证、双向评价、信用管理等机制,规范平台参与者行为。2021年2月7日,国务院出台《关于平台经济领域的反垄断指南》,明确"二选一"和"大数据杀熟"等违反市场规则的问题。以"二选一"为例,对于一些可能构成滥用市场支配地位限定交易行为,从惩罚性措施和激励性措施两个角度,进一步细化了判断"二选一"等行为是否构成限定交易的标准:平台经营者通过屏蔽店铺、搜索降权、流量限制、技术障碍、扣取保证金等惩罚性措施实施的限制,因对市场竞争和消费者利益产生直接损害,一般可以认定构成限定交易行为;平台经营者通过补贴、折扣、优惠、流量资源支持等激励性方式实施的限制,如果有证据证明对市场竞争产生明显的排除、限制影响,也可能被认定构成限定交易行为。2021年7月,工信部启动互联网行业专项整治行动,集中整治扰乱市场秩序、侵害用户权益、威胁数据安全、违反资源和资质管理规定等行为。2021年9月,工信部要求限期内互联网各平台必须按标准解除屏蔽,否则将依法采取处置措施,打破互联网平台之间的壁垒。2021年,我国开出反垄断史上最大罚单,阿里巴巴集团因滥用市场支配地位行为被处以182亿元罚款。

随着监管政策的落实,平台经济的发展逐渐进入健康发展的轨道,2022年1月,国家发展改革委等九部门联合印发《关于推动平台经济规范健康持续发展的若干意见》,明确坚持发展和规范并重,适应平台经济发展规律,建立健全规则制度,优化平台经济发展环境。同年3月16日,国务院金融稳定发展委员会召开专题会议,提出红灯、绿灯都要设置好,促进平台经济平稳健康发展,提高国际竞争力。可以说平台经济的发展是我国整体经济发展的重要推动力。

二、共享经济的发展

共享经济作为平台经济的一种经济模式,近十年也备受公众关注。

最早的共享经济的商业模式以罗宾·蔡斯女士创立的共享租车公司Zipcar(共享汽车)为代表。Zipcar创立于2000年,其运作理念是:客户可以在线或通过电话预订在某个时段使用某辆车。预订信息通过无线网络发送到汽车上。Zipcar会员可通过会员卡打开预订的汽车。用完之后,用户将汽车归还公司,在将其锁好后,计费便会停止。办理租车仅需30秒便可完成。Zipcar成立之初仅投放了一辆绿色的大众甲壳虫汽车,2002年,车辆发展到130多辆,会员有6000多人。截至2016年9月,Zipcar在美国、加拿大、英国等8个国家和地区的500多个城市运营,拥有2万辆以上的车辆,会员超过100万人。

随着Zipcar的成功,共享经济逐渐进入大众视野并被广为接受,加之2008年金融危机之后,市场低迷、经济不景气、失业人员增多,同时随着移动互联网技术的发展,共享经济在这一时段得以快速发展。2008年,共享短租平台Airbnb成立,2011年,Airbnb服务难以置信地增长了800%;截至2019年4月,Airbnb业务范围已经覆盖全球192个国家的8.1万座城市,平台上有600多万套的房源,已经有5亿房客入住Airbnb房源。2019年底,估值已上升至420亿美元。共享出行(网约车)平台Uber成立于2009年,截至2018年,Uber的业务范围已经覆盖全球五大洲的630余座城市,拥有700万名司机,月度活跃用户数已达9100万人,较前一年增长了2300万人。业务量也增长迅速,共出行52.2亿次,2017年的出行量为37.4亿次。2019年5月已经完成上市,截至2020年2月,Uber的市值约为600亿美元。共享短租平台和共享出行平台逐渐成为共享经济的代名词,是共享经济搭载的两类主要平台。

Airbnb的运作模式主要采用双边平台的模式:平台的一边是度假和商务旅行的租用者,另一边是出租者,在共享经济发展初期,出租者主要是出租闲置的房源。Uber也采用双边平台的模式,平台的一边是提供出行服务的司机,另一边是乘客。在共享短租和共享出行领域,逐渐出现一些其他的平台企业,如在共享短租领域,有 HomeAway(好美味租房网)、途家、榛果民宿、小猪民宿等;在共享出行领域,有 Lyft、滴滴、美团打车、嘀嗒拼车、首汽约车等。共享经济在其他领域也有发展,如在办公领域,出现了联合办公平台:Wework(众创空间)、优客工场、SOHO 3Q。在我国,共享经济也取得了新的突破和发展,共享单车是我国新生的一种共享经济商业模式,在竞争最激烈的阶段,出现了众多的共享单车,有摩拜、ofo、小蓝单车等,随着第一轮的竞争角逐,目前主要是具有后动优势的哈罗单车和美团单车等。可以看出,共享经济经过 20 多年的发展,已经涉及衣食住行各个方面了(见表3)。

表3 共享经济涉及的相关领域和平台

具体领域	代表平台
网约车	Uber、Lyft、滴滴出行、嘀嗒打车
共享短租	Airbnb、蚂蚁短租、小猪民宿、美团民宿、途家
共享单车	哈罗单车、美团单车、青桔单车
共享办公	Wework、优客工场、SOHO 3Q、腾讯众创空间
共享租衣	衣二三、女神派、多啦衣梦、美丽租
共享充电宝	来电、街电、小电
共享服务众包	Handy(方便)、TaskRabbit(任务兔)、猪八戒网
共享厨房	Eatwith(共飨时刻)、回家吃饭、妈妈的菜、蹭饭

从我国共享经济发展情况来看,国家信息中心正式发布的《中国共享经济发展报告(2023)》显示,2022 年,我国共享经济市场交易规模约 38 320 亿元,同比增长约 3.9%。不同领域共享经济发展的不平衡性凸

显,生活服务和共享医疗同比分别增长 8.4% 和 8.2%,增速较上年分别提高了 2.6 个百分点和 1.7 个百分点,呈现出持续快速发展的良好态势;受多种复杂因素影响,共享办公、共享住宿、交通出行三个领域共享经济市场规模显著下降,同比分别下降 37.7%、24.3% 和 14.2%(见表 4)。

表 4 共享经济交易规模

领 域	共享经济交易额(亿元) 2021 年	2022 年	2022 年同比增速(%)
交通出行	2 344	2 012	-14.20
共享住宿	152	115	-24.30
知识技能	4 540	4 806	5.90
生活服务	17 118	18 548	8.40
共享医疗	147	159	8.20
共享办公	212	132	-37.70
生产能力	12 368	12 548	1.50
总 计	36 881	38 320	3.90

以出行领域为例,报告显示,2022 年网约车客运量约占出租车总客运量的 40.5%(见图 3),较上年提高 6.4 个百分点。网约车行业发展也呈现出一些新特点。一是网约车平台企业数量不断增长。据交通运输部全国网约车监管信息交互平台统计,截至 2022 年底,全国共有 298 家网约车平台公司取得网约车平台经营许可,比 2021 年底增加了 40 家。二是行业管理制度进一步完善。2022 年,交通运输部发布了新的《网络预约出租汽车监管信息交互平台运行管理办法》,对 2018 年发布的管理办

法进行了修订,加强网约车监管信息交互平台的运行管理工作,规范数据传输,提高了网约车行业监管效能,进一步促进行业公平竞争和行业健康发展。三是主流网约车平台合规率显著提升。据交通运输部数据,2022年11月,各主流中心城市中有16个城市网约车订单合规率超过80%,与2021年初相比,滴滴出行、美团打车、曹操出行等平台订单合规率普遍实现翻倍增长。

年份	网约出租车客运量占比	巡游出租车客运量占比
2018	36.3%	63.7%
2019	36.5%	63.5%
2020	33.9%	66.1%
2021	34.1%	65.9%
2022	40.5%	59.5%

图3 网约出租车与巡游出租车客运量占比情况
资料来源:国家信息中心分享经济中心。

外卖行业是我国共享经济发展的另一个重要领域。《中国共享经济发展报告(2023)》显示,在生活服务领域,2022年在线外卖收入约占全国餐饮业收入的25.4%,占比较上年提高4个百分点(见图4)。

近年来,随着人们生活消费方式的变化和平台经济的快速发展,我国外卖市场规模持续扩大,成为推动餐饮行业发展的重要力量。受疫情影响,2022年在线外卖成为满足居民餐饮消费需求的重要保障,也使得大

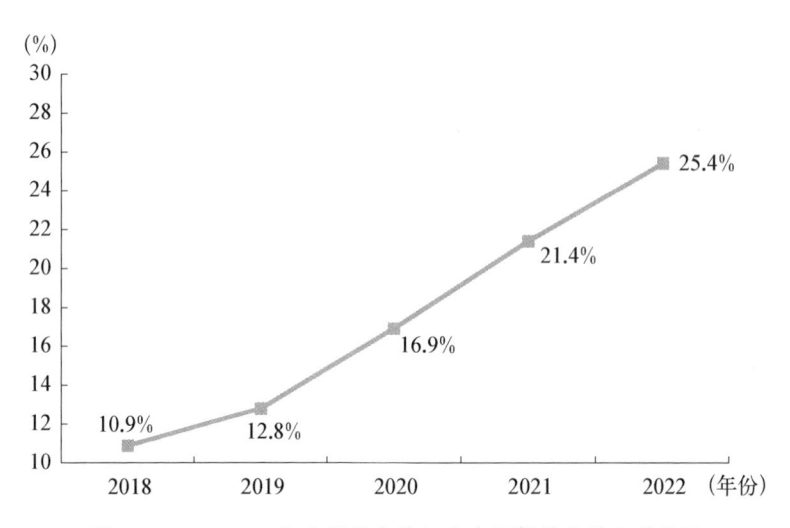

图 4　2018—2022 年在线外卖收入占全国餐饮业收入的比重

量商户可以"闭店不歇业"。美团、饿了么等生活服务平台积极响应政府号召,充分发挥海量配送运力及大数据调配能力,大力推动无接触配送,助力稳经营、稳商家和保民生。2022 年,美团自动配送车已经累计配送超 250 万单;疫情防控期间,自动配送车在上海单日配送产能近 2 万单,累计配送超 70 万单;在北京累计送出生活物资价值超百万元。

共享经济平台的就业规模也在不断扩大,共享经济平台助力提高就业市场效率,为更多人带来增加收入的机会。借助数字技术和算力系统强大的资源汇聚和匹配能力,共享经济平台可以实现对劳动供需双方高效率和大规模的匹配调度,提高劳动市场效率。美团发起的"春风送岗"行动,在 2023 年第一季度开放 50 万个骑手、站长等配送服务岗位,并投入 1 亿元用于招募新骑手。2022 年,达达集团联手京东集团面向全社会提供数十万人的就业岗位,达达快送面向全国超过 2 700 个县(市、区)招募骑士。"58 同城"平台实施"58 智慧家政专项"以来,平台入驻劳动者由 2021 年的 60 万人上升到 2022 年的 130 万人,劳动者收入同比提升了

50%。快手推出数字招聘平台"快招工",通过流量扶持和算法匹配,企业和应聘者可以更直观、更高效地了解彼此的需求。2022年第二季度,"快招工"月活跃用户达2.5亿人次,环比第一季度增长90%;截至2022年6月30日,合作企业超10万家,简历日投递值峰超36万。[①]

共享经济的发展,还给女性创造了很多机会。以滴滴出行为例,2021年,滴滴出行平台发布的《滴滴数字平台与女性生态研究报告》显示,8年来,全球共有271.5万名女性网约车司机在滴滴平台获得收入,其中包括237万名中国女性,1.2万名来自建档立卡的贫困家庭。尤其是2020年以来,国内新注册的女性网约车司机超过了26.5万名,成为滴滴平台的重要支撑。滴滴旗下社区电商平台橙心优选,在全国范围内女性团长比例接近60%,其中30—40岁的女性团长作为中坚力量,占比近七成。

通过这些数据,可以看出,共享经济为我国经济发展带来了很大的正向影响,既便利了人们的生活方式,也带来了更多的就业岗位,推动了经济增长。

三、共享经济的两种商业模式

共享经济平台Airbnb和Uber从事的商业领域在它们出现以前就存在,但是它们的出现却改变了原有的商业模式。蔡斯在《共享经济:重构未来商业模式》中指出共享经济存在的三个理论基础是:过剩产能+共享经济平台+人人参与。所谓"共享",含有"使用并不占有"的意思,从更深层次分析来看,包括供给端的"共享"和需求端的"共享"。在供给端,供给者将所有权属于自己的物品通过一个网络平台与不同的消费者进行"共享",而"共享"的时间大多较短;在需求端,消费者与不同的人

[①] 资料来源:国家信息中心分享经济中心。

"共享"同一项服务(如乘车)或者同一个物品(如共享住宿)。

根据以上分析,广义的共享经济可以分为"需求端和供给端均存在共享"及"仅在需求端存在共享"两种商业模式。

(一) 需求端和供给端均存在共享的商业模式

指在供给端,散户或者小微规模的用户将所有权属于自身的物品提供给需求端"共享",而在需求端是共同使用但不占有物品或者服务的需求者。这种模式主要是共享短租和共享出行,如国外的 Airbnb、Uber,国内的途家、小猪民宿、滴滴出行[①]等。这类共享模式属于双边平台模式,平台仅作为连接需求端与供给端用户的桥梁,平台的两端用户之间存在着很强的交叉网络外部性。平台不需要提供供需两端进行交易的商品或者服务,而是采用轻资产运作模式,通过向平台两边收取一定的服务费获得平台收益。具体模式如图 5 所示。

图 5 共享经济模式之一:需求端和供给端均存在共享

(二) 仅在需求端存在共享的商业模式

指仅在平台的需求端进行共享,需求端的用户使用但不占有共享经济平台上提供的物品或服务,而在供给端是专门的、规模化的单一提供者(平台自身),如共享单车、共享充电宝、共享办公等。这种商业模式是一种单边平台模式,共享经济最初就是以这种模式出现,如 Zipcar。这类共享模式下,供给端自行搭建平台,运用自有资产购买向需求端共享的物

---

① 暂不考虑 Uber 和滴滴出行平台的出租车-打车板块。

品,并且进行运营维护,是一种重资产运作模式,平台通过对消费者收取一定的服务费获得收益。具体模式如图 6 所示。

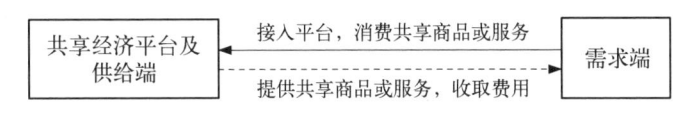

图 6 共享经济模式之二:仅在需求端存在共享

(三) 两种商业模式对比

这两种模式是共享经济现存的主要运作模式,而以重资产运作的平台自行购买共享物品的模式一再受到社会的质疑。以共享单车为例,共享单车在 2016 年快速发展,最早以摩拜、ofo 两个品牌为主,随着共享经济进入热潮期,有越来越多的品牌进入市场,如小蓝单车、小鸣单车等,共享单车领域出现了激烈的恶性竞争,骑行价格也非常便宜。消费者一开始对共享单车非常认同,但随着市场进入冷静期,共享单车的问题也逐渐暴露。首先,城市公共交通秩序和城市形象受到一定的影响,共享单车由于缺乏一定的监督体制,骑行者会乱停放车辆,而且存在一些不遵守社会规则的人恶意破坏自行车的情况;其次,共享单车公司的运营问题,由于大量投放共享单车,需要投入大量的资金和人力去维护和调度车辆;最后,盈利问题,最初共享单车公司之间是以低价进行竞争,依靠不断的融资支撑运营。随着共享单车出现的各种不良情况,投资者也渐渐意识到其盈利难的问题,资本也不再热衷于这个行业,因此,出现了一些共享单车公司的倒闭或者"卖身"。而另一种共享经济平台如共享办公,也遭遇了同样的困境。全球最大的共享办公公司 WeWork 成立于 2010 年,2017 年前后发展迅速,2019 年 1 月估值为 470 亿美元。公司本来计划在 2019 年 9 月进行首次公开募股(IPO),可在 9 月 30 日,WeWork 发声明称,将撤回招股说明书,推迟 IPO 计划,市值也一路下滑,仅剩下 70 亿美元。因此,重资产运作、仅在需求端存在共享的共享经济模式,更倾向于分时租赁的商业模式,如果没有找到相应的盈利方式,并不能够覆盖公司的成本,也不能给公司带来收益,生存空间也较小。

在需求端和供给端均存在共享的轻资产运作模式,相对好一点,在这种运作模式下,共享经济平台仅是一个连接需求端和供给端的中介,为平台两边的用户匹配提高了效率,减少了搜索成本。平台作为中间组织,对平台两边收取一定的服务费,由于双边市场定价的非中性、交叉网络外部性的存在,共享经济平台通常也是对一边收取交易费,而对另一边实行免费的定价策略。这种模式相比重资产运作的模式,虽然可以减轻很多自有资金投入的负担,但是由于供给者端大多是散户或者是小微规模的供给者,容易存在信息不对称问题。所以在对平台两边用户,特别是对供给端用户的资质信用等方面的信息获取不能全面、真实、有效,而且不同于电商平台等两边用户无须见面就可达成交易的方式,共享经济涉及的商业活动大都是供需两端用户在线下真实接触,比如共享短租平台的用户,在共享经济平台上完成出租和入住的活动,而租客会线下入住所租住的房间。共享出行平台也是同样的问题,乘客在打车平台下单,需要乘坐相应的车辆,在线下与司机也有见面。这种供需双方用户存在真实的见面,而平台对线下的行为发生不可控,因此也存在很多用户安全的问题。比如,共享出行平台的司机和乘客的人身安全问题,共享短租平台的房东和房客的安全问题。

第二节 核心概念界定

一、学术界对"共享经济"的界定方式

对于"共享经济"的界定,在商业活动中,一般将重资产运作的商业模

式和轻资产运作的商业模式都称为"共享经济",重资产运作的方式如Zipcar、共享单车、联合办公Wework、优客工厂等。在学术研究领域,最早是雷切尔·博茨曼和路·罗杰斯(Rachel Botsman and Roo Rogers,2010)对协同消费(collaborative consumption)进行了定义。他们认为,共享经济是基于"使用权"而非"拥有权"的一种经济,进行分享的可以是物质资产,也可以是人力资产;如时间、空间和技能。安娜·费兰德等(Anna Felländer et al.,2015)在博茨曼的基础上定义了共享经济(sharing economy)。他们认为共享经济指人们之间对等的对有形或者无形的闲置资源的交易,这种交易也包括信息的交易,而且交易的范围包括当地及全世界范围。这种交易通过第三方数字化的中介平台明显降低了使用者的交易成本,然而在交易中同样会产生一定的交易风险。克里斯蒂亚诺和贝尔廷(Cristiano and Bertin,2016)根据不同的特征将共享经济分为三类:第一类是具有双边市场的特征的共享经济,如Airbnb;第二类是分销商模式的共享经济,比如早期的Zipcar;第三类介于双边市场和分销商模式之间,如Uber(Uber平台上既有出租车公司的车,也有私人的车)。可以说克里斯蒂亚诺和贝尔廷是比较全面地对共享经济进行分类的学者。国家信息中心在《中国分享经济报告2016》中对分享经济(共享经济)的概念进行了界定,"分享经济是指利用互联网等现代信息技术整合、分享海量的分散化闲置资源,满足多样化需求的经济活动总和",数据统计上也大都涵盖重资产运作和轻资产运作的两种商业模式的共享经济活动。大多数文献研究一般认为共享经济既包括重资产运作方式,又包括轻资产运作方式。

二、"共享经济""共享经济平台"等相关概念的界定

要对"共享经济"进行定义,首先需要定义供需两端的共享:"在供给端存在共享"指供给者(散户或者小微规模用户)将其所有权属于自己的物品通过一个网络平台提供给不同的消费者"共享"(共同使用);"在需求端存在共享"指消费者与不同的人"共享"同一项服务(如乘车)或同一个物品(如共享住宿),消费者使用"共享"物品的时间通常比较短。

共享经济的定义既包括广义的共享经济,又包括狭义的共享经济。

广义的共享经济包括两种商业模式:在供需两端均存在共享的商业模式;仅在需求端存在共享的商业模式。这两种商业模式广义上来说都属于共享经济,因为其至少在平台的一端存在共享。

狭义的共享经济主要指在需求端和供给端均存在"共享"的共享经济。发展初期,这类共享经济在供给端主要是闲置资源的再利用,供给端是散户或小微规模用户,后期出现了非闲置资源的供给,即平台上存在专门供应共享物品的专业供给者。在需求端是消费者共享同一商品或者服务。这是共享经济区别于传统的经济活动的主要特点:其一,发展初期是闲置资源的再利用;其二,基于使用权而非所有权的活动。在供需两端均存在"共享"的共享经济,具有很明显的双边市场的特点,两端用户具有明显的交叉网络外部性,而且在现实中,这类共享经济平台也相对较多,如共享服务、共享出行、共享短租等,是主要的商业模式。本研究分析的共享经济的定价策略及供给端的定价特征主要是基于狭义的共享经济概念。

本书对"共享经济平台"的定义是基于狭义的共享经济所对应的双边平台,即"为共享资源的供给者和需求者搭建平台,促进供需两边用户完成共享经济活动的双边平台"。其特点是采用轻资产运作,平台本身不购买进行共享的物品或者服务;连接平台两端用户,为其提供服务,旨在降低搜索和交易成本。共享经济平台主要包括典型的 C2C(customer-to-customer)商业运作模式的共享短租平台,以及共享出行平台(网约车)。

比如，Airbnb 是一个共享经济平台，平台的两边连接着在网站上注册的、提供房源的房东，以及住宿的房客和旅行者；早期的 Uber 也是共享经济平台，平台两边连接着在网站上注册的、以自有车辆提供出行服务的司机，以及需要出行服务的乘车人，这两种类型的平台是比较有代表性的共享经济平台。

本书中的"传统的专业平台"主要是相对于共享经济平台而言的，指提供某种专业服务的平台，平台上提供的产品和服务具有专业性，平台上的供给者提供的物品或服务专门用来从事某类商业活动。比如，早期的携程以及缤客网[1]（booking.com）就是一个专业平台，该平台上酒店的供应方大多是专业提供住宿业务的酒店或旅馆。专业平台上提供的商品或服务一般是同质的，比如，携程和缤客网上是标准化的酒店旅馆，嘀嗒出租车平台上仅提供出租车的打车服务。

本书第四章中主要以共享短租平台为例，分析了供给端的定价特征。本章中"业余供给者"指"业余房东"，"专业供给者"指"专业房东"。对"业余房东"和"专业房东"的定义仅针对共享经济平台（共享短租平台）上供给者的划分，主要依据李俊等（Li J. et al.，2015）对 Airbnb 上房东的划分方法，即"业余房东"指房源数量仅为 1 套的房东，而"专业房东"是指房源数量超过 1 套的房东，而本书对"专业房东"房源数量进行了进一步的划分：小规模房东、中等规模房东和大规模房东[2]，分析不同房源数量的专业房东的定价特征。本书基于已有文献，对标明职业是"职业房东"的相关数据的相关计量结果进行了稳健性检验，以证明分类的科学性和结果的可信性。

---

[1] 网站的酒店业务，不包含近几年上线的民宿板块。
[2] 相对于专业的酒店来说，共享短租平台上的专业房东的规模仍然较小，因此不考虑规模经济的存在。

第三节　主要研究内容

一、研究思路

本书主要采用双边平台模式,以轻资产运作的共享经济平台为研究对象,研究其商业生态系统中的定价问题,主要涉及平台对两边用户的定价问题和供给端对其提供的物品或服务的定价问题。主要以在垄断和竞争条件下,共享经济平台对两边用户的定价策略,以及相关平台供给端用户的定价特征为研究主线。三方面相互连接构成了本书的核心内容。

首先,通过对共享经济的不同发展阶段的梳理,分析了共享经济的特点,针对轻资产运作的两个发展阶段,①分析在单一平台条件下共享经济平台对两边用户的定价策略,总结不同发展阶段共享经济平台对两边用户的定价差异;进一步将共享经济在这两个发展阶段的定价策略、平台利润和社会福利做对比,分析共享经济的发展是否对两边用户有利、是否可以增加平台利润,以及是否可以带来社会福利的增加。

其次,共享经济对相关领域传统的专业平台产生了一定的影响。共享经济平台和传统专业平台也存在很多的竞争。分析这两类差异性的平台在竞争中对两边用户的定价策略是有现实意义的。共享经济平台与传统的专业平台有着很大的差异,通过不同的视角,分析这两个平台顺序进入市场时,对两边用户定价时的优劣势,以及平台利润的多少,可以为共享经济平台的定价策略提供一定的理论指导。

再次,共享经济平台的定价问题,不仅涉及平台对两端用户的定价,还涉及供给端对其提供"共享"物品的定价,这两个的定价问题共同构成

---

① 即狭义的"共享经济"。

了共享经济平台的商业生态系统。因此本书还通过获取相关代表性的共享经济平台的数据,①利用计量的方法,研究供给端的定价特征,通过数据证实了随着不断的发展,共享经济在供给端的特征确实发生了一些变化。比如,在供给端用户存在两类异质用户。本书通过计量的方法分析了影响供给者对共享资源定价的因素,主要包括:专业平台的影响、房源类型、配套设施、消费者评论等,结合得到的计量结果,不仅可以为供给者提供一定的定价建议,还可以发现共享经济的一些特点。比如,共享经济平台与专业平台的关系,房源类型的定价差异等。除此之外,通过对供给端两类异质用户的定价特征进行分析,进一步验证了共享经济平台存在两类不同回报要求的异质供给者,为后续提到的共享经济的发展演化阶段的特点提供了更有力的证据。

最后,共享经济是近十几年才出现的商业模式,虽然最早出现于美国,但是在我国得到了更强劲的发展。同时在发展过程中也出现了一定的问题。因此,本研究还对共享经济在发展过程中出现的问题进行了梳理,结合研究得到的重要结论,从平台自身和政府层面,为促进共享经济平台的发展提供一定的创新性建议。

二、研究框架

研究内容由导论和六章构成,图7展示了主要框架。

导论。首次梳理了平台经济和共享经济的发展情况,以此为研究背景,对"共享经济""共享经济平台""传统专业平台"等概念进行了相关界定;从总层面上介绍了研究思路、研究框架、研究方法,以及研究意义和主要创新点。

---

① 数据通过网络技术获得,仅用作本书的学术研究。

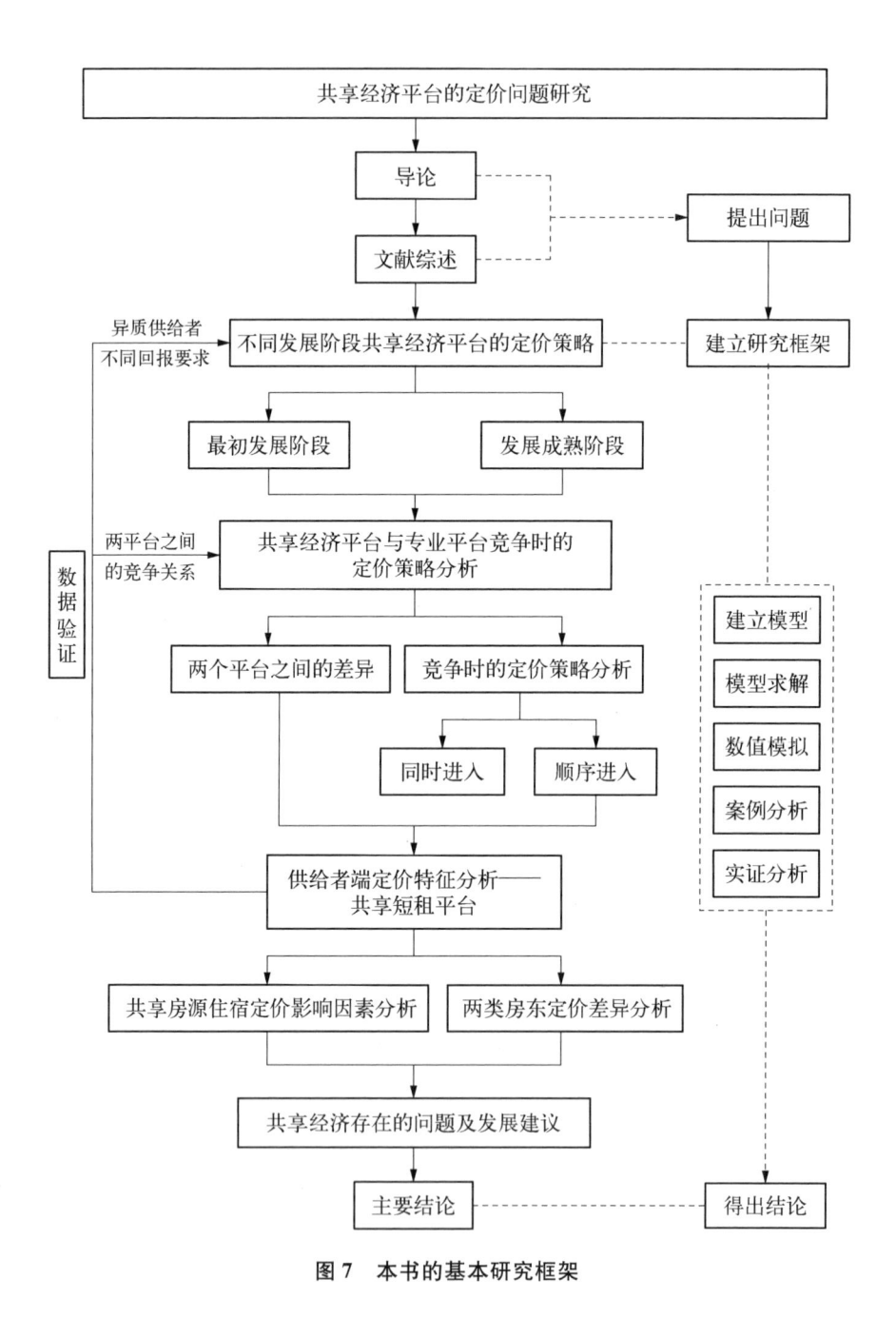

共享经济平台的定价问题研究

图7 本书的基本研究框架

导 论

第一章。疏理文献综述。由于共享经济属于平台经济的范畴,故文献综述主要包括双边平台和共享经济的相关文献。首先,梳理了双边平台定价策略的相关文献。从最早的罗歇和梯若尔(Rochet and Tirole,2003)提出的关于平台经济的相关理论,到近年来双边平台发展的最新理论,都进行了比较全面的分析。其次,对共享经济的相关文献也做了大量、细致的分析,一是对共享经济的定义、特征及优劣势等相关文献进行梳理,旨在对共享经济有定性的了解;二是对现有共享经济平台定价策略的相关文献进行整理。再次,由于现代编程技术的发展,加之鲜有共享经济相关的数据库供社会共享,因此学术界也有很多通过网络技术获得共享经济平台相关数据对共享经济进行分析的文献,因此,本书还对与共享经济平台供给端的定价相关的实证文章进行梳理。最后,对共享经济监管的文献进行梳理。本书通过对相关文献的梳理,对双边市场和共享经济有了更加全面的了解,同时根据现有文献的不足,对共享经济的研究进行了进一步的拓展。

第二章。对共享经济的发展阶段进行分析,并且对共享经济的特点进行了论述,通过结合共享经济的发展阶段和相关特点,建立了相关理论模型,研究了不同发展阶段共享经济平台对两端用户的定价策略。此外,进一步分析了在共享经济两个不同发展阶段,平台对两边用户的定价策略、用户接入规模、平台利润及带来的社会福利的对比情况。

第三章。主要研究共享经济平台与专业平台竞争时的定价策略。通过分析共享经济平台与专业平台的差异,建立平台间的竞争理论模型,分析当两个平台同时进入和顺序进入时,平台对两边用户定价策略的差异,最后通过大量的数值模拟,分析在不同的视角下,随着相关参数的增加,平台对用户的均衡定价和平台利润的对比情况,对共享经济平台与专业平台竞争过程中提出一定的定价建议。

第四章。以具体的共享经济平台——小猪民宿网站的数据为案例,分析共享经济平台供给端的定价特征。主要包括共享房源住宿定价的影响因素和两类房东的定价差异。以 Airbnb 和 Uber 为代表的共享短租平台是典型的共享经济。小猪民宿是国内比较早且发展比较良好的 C2C 共享短租平台。通过对该网站获得的房源信息数据，以及专业平台携程的酒店信息数据进行实证研究，一方面，分析在供给端影响房源住宿定价的相关因素及影响程度，特别是分析专业平台与共享经济平台的竞争关系，通过分位数回归的方法，对不同价位房源的定价策略提出一定的建议；另一方面，还可以获得共享经济的一些相关特性，对不同类型的房东进行异质性分析，对其定价差异进行分析，得到不同房东的定价差异和原因，同时为后文中提到的"共享经济平台存在两类回报率不同的异质供给者"提供相应的证据。

第五章。针对共享经济平台在发展演化中，以及和传统专业平台的竞争中出现的问题进行梳理。结合国外对共享经济的监管经验，以及本研究得出的重要结论，从平台层面和政府层面为共享经济平台的发展提出相应的发展建议。

第六章。主要对研究及相关结论进行总结，并且对未来的研究方向进行了展望。

三、研究方法

本书主要采用理论模型分析、数值模拟分析、计量分析和案例分析等方法。

共享经济属于平台经济的范畴，共享经济平台的定价行为属于平台的策略行为。本书结合共享经济及平台的主要特点，通过构建相关理论模型，并对理论模型进行推导、求解，对共享经济平台在垄断情况下及竞争情况下的定价策略进行研究并得出一定的结论；通过建立模型，分析共享经济平台在发展演化过程中定价策略的变化,以及对不同阶段定价策略进行对比,分析共享经济在发展演化过程中是否对平台及两边用户更有利,是否可以带来社会福利的增加;通过结合共享经济平台与传统专业平台的竞争现实,分析共享经济平台与传统专业平台同时进入和顺序进入同一市场时,共享经济平台所采取的竞争策略,以及如何获得竞争优势。

本书通过理论模型推导,可以得出一些相应的结论。但是由于在现实中缺乏相关参数的具体数值,对于命题结论的分析需要对具体参数进行赋值。使用 MATLAB 软件进行数值模拟,可以进一步直观地分析相关参数对平台定价、平台利润或社会福利带来的影响,特别是在共享经济平台和传统专业平台竞争的部分。由于这是两种不同类型平台的竞争,两个平台存在多个视角的差异,因此,在考察共享经济平台的竞争策略的时候,对相关参数进行赋值,基于不同视角对共享经济平台的竞争策略进行分析,可以更加直观地显示共享经济平台在定价和均衡利润方面存在的优势。除此之外,本书还运用了案例分析的方法对理论模型中的相关命题进行分析验证,使结论更具有说服力。

对于平台经济的计量研究一般受困于数据的缺少,但是近年来编程技术的发展,在一定程度上使从数据上分析共享经济成为可能。本书通过网络技术获得了一定的数据(小猪民宿和携程网),虽然数据有限,但是本书已经尽可能最大限度利用数据,主要采用分位数回归和多元回归的方法,对共享经济的典型代表平台——共享短租平台的特点和供给者端定价策略进行了实证分析,最后进行了稳健性检验和内生性讨论,使回归结果的说服性更强。

四、研究意义和创新点

共享经济的出现给人们的生活带来很大的便利,"共享经济"这个词更是在人们日常交流中频繁出现,共享经济平台是共享经济的载体,是其外在表现形式。虽然学术界对共享经济和共享经济平台的研究已经非常多了,但大多局限在表面的、静态的分析,没有进行深入探讨,特别是共享经济平台的本质特征及其动态发展演变过程,需要有明确的界定和梳理,才能对共享经济及共享经济平台有更全面的认识。

近几年,共享经济的热度仍然高涨,很多行业出现了激烈的竞争。共享经济平台与传统的专业平台之间的竞争也越来越激烈,如 Airbnb 与传统的酒店之间的竞争、网约车平台与传统出租车公司的竞争等;所以研究共享经济平台与传统的专业平台之间的竞争,考察哪类平台更有优势,竞争格局怎样,有着比较重要的现实意义。另外,共享经济平台供给端有一个明显的特征:个人或者小微规模用户的(闲置)资源的共享,这些(闲置)资源和其他普通的商品不同,不涉及所有权的转让,只是使用权的暂时占有,所以考察共享资源的定价受哪些因素的影响也显得非常重要,通过研究定价影响因素,可以总结出共享经济的一些特点。

本书的创新性主要体现在以下四个方面:

第一,本书对共享经济商业生态系统内部的定价问题进行了全面研究。以往对共享经济定价问题的研究大多局限于平台自身对两端用户的定价策略的研究,而本书不仅包括平台对两端用户的定价策略研究,还包括供给端对其提供"共享"物品的定价特征的研究,这样不仅使研究更全面,而且通过对供给端定价的研究,还可以支撑平台对两边用户定价策略分析时的一些前提条件。

第二,系统地分析了共享经济动态演化,对其发展阶段进行了全面的梳理,并在此基础上,构建理论模型分析平台的定价策略等。国内外已发表的研究文献大部分是基于描述性研究共享经济的定义、特点、影响等方面,对共享经济特别是共享经济平台的发展演变过程,没有一个全面深入的动态分析,所以研究共享经济平台的动态发展演化过程中,平台定价策略的影响因素及对比,具有明显的创新性。

第三,目前对于共享经济平台与传统专业平台之间竞争的相关文献较少,本书建立理论模型,基于不同视角,分析了共享经济平台与传统专业平台之间的竞争策略问题,将两类异质平台基于不同的差异视角进行分析,一方面符合共享经济发展中遇到的现实,另一方面具有一定的理论创新性。

第四,共享经济供给端的定价不仅受平台对其定价的影响,很大程度上还受到来自专业平台、消费端,以及供给者自身因素的影响,因此分析供给端对其提供的共享物品的定价影响因素也具有很强的创新性。通过数据可以验证研究中的一些前提条件,使结论更具有说服性;通过传统专业平台、消费端及供给者自身等因素,分析对供给端共享资源的定价影响因素,可以得出共享经济的一些内在特点,并且可以对供给者端的定价策略提出一定的建议;通过分析异质供给者的定价行为,可以得到更多创新性结论,同时对研究中的假设提供必要证据。

第一章 文献综述

- 第一节 平台定价策略研究
- 第二节 共享经济的相关研究
- 第三节 共享经济平台供给端定价及相关研究
- 第四节 共享经济监管的相关研究
- 第五节 文献述评

第一章 文献综述

平台经济是在互联网时代,特别是在移动互联网时代迅速发展起来的,平台经济的产生和发展是共享经济发展的先导,特拉布奇(Trabucchi,2021)概述了平台定义、它们的演变,以及在经济中日益增加的相关性,提出了"平台驱动创新"新兴框架。它展示了平台在创新过程中如何扮演简化者、催化剂或促成者的角色。而共享经济是其中重要的组成部分。共享经济由于其自身的特点,平台对两端用户的定价策略也不同于一般的双边平台,另外对于共享经济的监管也是近几年来学术界关心较多的问题。本章首先对一般双边平台的定价策略的相关文献进行梳理;其次对已有的关于共享经济的特征分析和共享经济定价策略的文献进行阐述;再次对供给端用户的定价和行为分析的文献进行总结,本章还对共享经济监管相关的文献进行了归纳;最后对已有的相关文献进行述评,梳理已有文献中的不足,在已有研究的基础上,对共享经济平台的定价问题进行新的拓展。

第一节 平台定价策略研究

平台经济理论是产业组织理论中非常重要的一个理论,最初被称为"双边市场理论",是由罗歇和梯若尔(Rochet and Tirole,2003)提出的,他们给出了双边市场的定义:"当平台向需求双方索取的价格总水平 $P = P_B + P_S$ 不变时,任何用户方价格的变化都会对平台的总需求和交易量产生直接的影响,这个平台市场被称为双边市场。"他们价格的变动会影响对平台的需求和交易量。阿姆斯特朗(Armstrong,2006)对双边市场的特征进行了更进一步的分析,将网络外部性作为双边市场的一个重要特征，认为"两组参与者需要通过中间平台进行交易，并且一方的收益决定另一方参与者的数量"。交叉网络外部性是双边市场最重要的一个特点。罗歇和梯若尔(Rochet and Tirole, 2006)对双边市场的概念进行了进一步的界定，并且从成员外部性和使用外部性两个角度建立模型，得出并解释了平台对两边用户的最优定价公式。卡里亚德和朱利安(Calliaud and Jullien, 2003)指出中介服务商的特征：交叉网络外部性、服务的非排他性以及普遍存在的价格歧视，分析了中介服务商之间的不完全价格竞争模型，结果发现有效的市场结构是在均衡中产生的，同时也存在着某种特定的、形式低效的结构。在双边网络效应非对称的情况下，双边市场平台进行竞争时会导致不对称的市场结构，平台对不同的接入用户实施不同的价格策略［阿根齐亚诺(Argenziano, 2009)］。海吉久(Hagiu, 2006)在卖方先接入平台以及平台可以收取费用的前提下，研究了双边市场平台在垄断和竞争条件下对两边用户的定价和承诺问题。平台的运作模式一般包括两种：经销商模式和"双边平台"模式，通过比较发现当"鸡生蛋，还是蛋生鸡"的问题更为严重，且卖家间商品的互补性越强时，经销商模式就越有利可图；当卖方的产品质量存在不对称信息时或者当卖方的投资激励更重要时，双边平台的模式更有利可图(Hagiu, 2007)。基于他们的分析，威尔(Weyl, 2010)进一步将模型从双边平台拓展到了多边平台，分析了多边平台市场的定价策略，指出了一个多边市场在垄断平台的情况下，是如何对两边用户设定价格的。海吉久和哈拉布尔达(Hagiu and Halaburda, 2014)研究了在垄断和竞争之下，不同信息水平对双边平台利润的影响。他们认为在垄断条件下，市场实力较强的平台可以接入更多掌握充分价格信息的用户，而市场实力较弱的平台在用户拥有较少的价格信息时可以获得更多的利润；竞争条件下，会加剧平台间的价格竞争。

近几年对两个平台间竞争策略的研究文献较多，主要涉及平台的差异化竞争、用户归属、网络外部性强度、组内竞争等。加布舍维奇和沃西(Gabszewicz and Wauthy，2014)建立了一个产品具有交叉网络外部性的双边市场的平台竞争模型,通过考察基于价格竞争的均衡和基于网络外部性的均衡两种模型,结果证明了平台竞争会导致垂直的差异化结构,并且这种均衡会导致非对称平台的存在。基于阿姆斯特朗(Armstrong,2006)的模型,里贝罗(Ribeiro，2016)考虑了在一个线性城市的两边消费者的密度不同的情况下,横向差异化和纵向差异化的两个平台间的竞争。他们认为当处于一般均衡时,高质量的平台会对两边用户的定价更高,而且比低质量平台获得更多的市场份额。以医疗和教育平台为例,基于共同网络外部性,而不是组间的交叉网络外部性强度,分析了两个平台的竞争策略,发现共同网络外部性对平台的定价具有累积作用,会使平台将一边的定价转移到另一边[巴迪等(Bardey et al.，2014)]。纪尧姆和罗杰(Guillaume and Roger，2017)以纵向差异化为切入点分析了双边平台的寡头竞争问题。他们认为在某些条件下,可以计算唯一的纯策略均衡,当交叉网络外部性足够大时,纯策略均衡被打破;混合策略均衡一直存在并具备一定的特征。

盖尔-奥尔等(Gal-Or et al.，2019)以众筹平台为例,从网络外部性强度和匹配效率两方面分析了两个平台的竞争,通过构建两阶段博弈模型,发现尽管存在跨市场的网络外部性,但是平台竞争仍然会导致双边市场的细分化。对于众筹平台的创业者来说,平台的兼容性比网络外部性强度的大小更重要,而且通过市场细分,当任何一种匹配效率相对较高时,就会改善这两个群里的福利。贝尔弗拉姆等(Belleflamme et al.，2018)研究了两个竞争性平台是如何管理组内外部效应的,特别是平台卖方间的竞争。当额外吸引一个卖家时,平台面临着一次权衡,因为增加一个卖家可以提高买方参与平台的欲望,但同时也降低了其他卖家加入平台的欲望。本书从这两方面出发,分析了一组由于用户(卖方)之间的竞争影响平台的定价决策以及平台的市场结构。罗森(Roson,2015)认为平台一边的用户从单归属向多归属转变的交易成本较高或交易收益较低时,用户向多归属转变的可能性会降低。当平台的买方多归属的时候,平台向买方收取更多的费用;而对于买方来说,这种消极的价格效应大于他们积极加入平台的效应,因此,买方更倾向于平台两边都是单归属的情形。但是平台和卖家更倾向于卖家多归属的情形,因为他们可以从中获取更多的利益[佩茨(Peitz,2019)]。崔和译努(Choi and Zennyo,2019)用了代理人内生地决定加入平台某一边的框架来分析双边平台的竞争,他们描述了均衡定价结构的特征,并运用比较静态的分析方法来分析代理人的偏好是如何影响平台的利润的。研究发现,在平台利润最大化均衡的状态下,同样可以使社会福利最大化。现实中,有很多平台的用户既是买方又是卖方(高明,2019),因此混合双边市场的平台定价问题有两个突出的特征:由"双边"导致的网络外部性和由"混合"产生的多产品情形,通过建立相应的模型分析发现,垄断平台进行捆绑的动机和最优定价策略取决于价格需求的弹性。

国内研究平台经济的学者也较多。胥莉和陈宏民(2006)最早从交叉网络外部性出发,研究了产业中双寡头垄断厂商的定价策略选择行为,运用 Hotelling 模型分析了厂商对单一定价和歧视定价的战略选择,结果发现由于网络外部性的存在,厂商进行歧视定价的均衡条件放宽,因此厂商进行歧视定价更具有成本优势。曹俊浩、陈宏民和孙武军(2010)基于双边市场的视角,考虑了多平台接入对 B2B 平台的竞争策略的影响,结果发现,当服务水平较低或者交叉网络外部性强度较大时,多平台接入将导致多方持有用户收费水平的提高,以及平台利润水平的增加。程贵孙(2010)则将组内网络效应引入双边市场模型中,研究了平台在组内和组间网络效应协同作用下的定价策略问题,通过建立两阶段的定价博弈模型,证明组内网络外部性强度对消费者价格和厂商价格的影响取决于两边用户接入平台后的市场结构。

刘大为和李凯(2012)则分析了双边平台两边用户不同归属情况下的竞争策略。他们认为在用户多归属的情况下,平台会向多归属用户收费而向单归属用户提供折扣,这也是双边市场理论中平台的倾斜价格结构形成的一个重要原因。基于平台的差异化和用户部分多归属的情况(纪汉霖和王小芳,2014),考虑差异化的两个平台同时定价和顺序定价的情况下的平台竞争策略,结果发现无论大平台还是小平台,对手先定价时,其可以获得更多的市场份额和平台利润,因此在用户部分多归属的情况下,平台具有更大的后动优势。在平台两边的用户接入规模不同的情形下,规模较小一边的用户的归属行为,以及商户之间竞争的激烈程度对两个平台的竞争策略产生的影响较明显,两边用户的规模比例增大时会加剧平台间的竞争(吕正英等,2016)。从社会福利来看,在用户多归属的情况下,互联网平台型企业的横向合并会提高社会总福利,多归属的用户越多,越有利于合并后社会总福利的提升(谢运博和陈宏民,2018)。李静和张玉林(2020)研究了在跨市场网络效应和双边平台特性下,平台在进行业务拓展时的定价策略,结果表明平台定价策略受用户基础、交叉网络外部性和跨市场网络效应的影响,平台原业务利润随着跨市场网络效应的增加而减小,新业务利润随着跨市场网络效应的增加而增加。李春发等(2020)基于双边市场理论构建了回收电商平台的收费模型,分别探究了组内和组间网络外部性在不同的接入策略和佣金收费模式下电商平台的最近接入费问题,结果发现,供应商和消费者的注册规模取决于单位利润,且不同单位利润下的注册规模随佣金收取比例的变化趋势不同。张翼飞和陈宏民(2020)分析了长尾市场中平台的最优规模和竞争策略问题,结果发现当平台上的卖方销量服从长尾分布时,两个相互竞争的平台之间会存在唯一的市场均衡。推荐系统可以通过重新分配交易量来提高平台的利润和规模。平台型企业必须对用户的差异性进行详细分析,应该首先理解用户的交易行为，然后再制定相应的价格策略。

傅联英(2021)利用网络城市空间竞争模型，分析支付平台在"一对多"全局竞争下的最优交换费定价策略。结果表明，支付平台在全局竞争下的私人最优交换费满足成本加成律，平台以其自身成本和竞争对手算术平均成本共同构成的加权平均成本为基础，以基础效用差距、交通成本和转换成本共同构成的增广差异程度为加项，制定私人最优的交换费；较之于社会有效的交换费水平，支付平台私人设定的交换费过高。但斌等(2023)通过构建 Hotelling 模型，研究了制造商和供应商多归属时平台最优的服务与定价策略，结果发现，当两个平台为用户带来的基础效用较高时，它们应采取差异化服务策略，在此情形下，平台总是向供应商收费更多，但可能给予制造商一定的补贴；而当两平台为用户带来的基础效用较低时，应该采取同质化服务策略，此时平台不再实施补贴策略，甚至在一定条件下，平台可能会对交叉网络效应强度更高的制造商收费更多。黄鹤(2023)构建有无在线评论情形下电商平台与制造商之间的博弈模型，比较分析在线评论对系统均衡和消费者行为的影响。研究结果表明，电商平台的定价策略会受在线评论的影响，当制造商直销渠道与电商平台自营渠道的竞争程度足够大，或者渠道竞争程度较小但在线评论有效性水平足够低时，电商平台才会实施低价策略；在线评论会导致利润在各企业间的重新分配，当渠道竞争程度适中时，在线评论对电商平台有利，对制造商的影响不确定。赵道致等(2024)研究了平台采取统一定价和基于司机服务质量的差别定价的两种情况，运用运筹优化的方法，分别构建网约车平台的利润模型，通过最大化平台利润得到两种情况下的最优决策。研究发现：当市场中的潜在司机总数量高于特定阈值时，基于司机服务质量的差别定价使平台获得更高收益，反之，统一定价更优。李世杰和何元(2024)构建不跨界和跨界两种情境下电商平台的竞争模型，考察电商平台跨界导致的竞争变化和跨界的边界，进而解析平台跨界对福利方面的影响,并运用数值模拟和案例评述对所得结论进行验证,从而提出相应的管理启示与政策建议。研究发现,平台跨界会产生跨界效应,跨界平台和非跨界平台的定价水平和利润水平均会受到跨界效应的调节。跨界效应会扩大跨界平台的双边用户规模、缩小非跨界平台的双边用户规模。

平台的竞争还涉及顺序进入市场的情况,刁新军等(2009)从产品质量差异化出发,运用伯川德价格竞争来研究双寡头企业的市场竞争策略,结果发现当具有网络外部性时,高质量产品的均衡市场价格、市场份额和利润都高于不考虑网络外部性时的结果,且随着网络外部性强度的增加而增加。邹佳和郭立宏(2016)通过建立两阶段价格博弈模型和约束最优化方法,对双边平台的两部收费进行研究,结果表明对于竞争市场,平台对两种价格的竞争博弈的均衡利润是唯一的,平台进行两部收费是一种有效的价格手段,平台通过两部收费获得利润比只能收取交易费时的利润要高,且当平台的差异化水平比交叉网络外部性更强时,平台使用两部收费的方法获得的利润高于单独收取交易费的利润。他们还进一步分析了用户信息对非对称竞争的双边平台的利润影响,结果指出,在均衡存在的条件下,当后定价平台的所有用户都掌握完全信息或缺乏信息时,只要均衡全部存在,先定价平台完全信息用户(或缺乏信息用户)的最优比例取决于交叉网络外部性强度(邹佳和郭立宏,2017)。钟丽等(2019)通过构建双边平台的竞争博弈模型,对三种纵向结构选择竞争模式进行对比,研究发现,不管平台采取纵向分离还是纵向一体化策略,如果平台对购买硬件的用户进行补贴,那么随着两个平台竞争强度的增加,平台对软件提供商的依赖性会增强。张凯和董远山(2019)基于双边平台中用户运营成本的不同,构建完全垄断双边平台的两期动态博弈模型,分析运营成本对用户进入价格、市场份额和平台利润的影响,并分析了成本差异化对平台定价策略的影响。黎张炎等(2020)以具有双边市场特征的在线视频行业为例,建立平台与内容商、广告商之间的行为博弈模型,分析了三种情形下平台的定价水平和广告投入量,结果发现当消费者有着较高的广告厌恶倾向时,"多平台上线—平台竞争"策略下的平台定价水平更低,广告的投放量更多,而"多平台上线—平台竞争和平台联盟"两种策略可以提高市场的总需求,但是会导致单个平台利润水平的下降,平台应该充分考察不同市场因素对内容商平台接入策略选择的影响。周永意和张玉林(2024)构建了带有移动服务提供方的局部家政市场中在位平台与进入平台的竞争模型,研究进入平台如何通过广告策略切入局部市场,结果表明,若进入平台投放高强度广告,在位平台则选择支付高工资进行回应;当局部市场规模较大时,进入平台将会获得大量的市场份额,但利润总为负;若进入平台投放低强度广告,在位平台则选择不回应进入平台,即继续收取垄断价格和支付垄断工资。

可以看出,交叉网络外部性是双边平台的一个重要特点,而当平台间竞争时,平台的差异化程度以及用户的归属行为,会对平台的定价策略产生重要的影响。此外当平台存在竞争时,两个平台进入市场的顺序也会使平台的定价策略产生相应的变化。

第二节　共享经济的相关研究

一、共享经济定义、特征及优劣势

共享经济的定义,是从协同消费的定义逐步延伸,最初对协同消费进行定义的是费尔森和斯佩思(Felson and Spaeth, 1978)。与现在的定义不同,他们认为,协同消费是在参与联合活动中,一个或者几个人消费经济物品或者服务的事件,比如和朋友一起喝啤酒、和亲属一起聚餐。莱西格(Lessig,2008)的定义是：那些以对他人所拥有的资源进行分享、交换和租赁为形式的就是协同消费(collaborative consumption)。博茨曼和罗杰斯(2010)对协同消费的定义是：人们对等地以获取、给予、分享某种商品或服务的使用为目的的活动，这种活动基于线上的社会服务来进行协调。他们认为，共享经济是基于"使用权"而非"拥有权"的一种经济，进行共享的可以是物质资产也可以是人力资产，如时间、空间和技能。他们还认为，协同消费的模式在使暂时使用商品或者服务的效用大于拥有它们的效用的同时，还能节约金钱、空间和时间，可以结识新的朋友，使使用者再次成为活跃的公民。贝尔克(Belk,2014)就协同消费给出了自己的定义：协同消费是人们支付费用或者其他补偿，通过协调获得某种资源或者参与一种资源的分配。作者强调了为获得使用权，必须支付费用或者相应补偿。弗伦肯等(Frenken et al.,2015)将共享经济定义为：消费者出于金钱的考虑，给予其他人的其未充分利用实物资产(闲置生产能力)的暂时使用权，目前典型的共享商品是汽车和房屋。安娜·费兰德等(2015)在博茨曼的基础上定义了共享经济：包含对等的有形或者无形的闲置资源的交易，这种交易也包括信息的交易，而且交易的范围包括全世界以及当地。这种交易通过第三方数字化的中介平台大大降低了使用者的交易成本，然而在交易中同样会产生一定的交易风险。共享是一种通过"新自由主义"经济实践产生的话语形态，意味着经济与社会的嵌入和相互决定[科凯恩(Cockayne,2016)]。艾可奎尔等(Acquier et al.,2017)认为共享经济使人们能够获得未充分利用的资产的使用权，并通过较低的交易成本，在共享经济平台进行交换，从而实现了共享资源的再利用。

关于共享经济的特征，贝尔克(2014)认为共享和协同消费活动有两个共同特征：他们的运作模式是临时使用有效用的商品或者服务，但是不拥有所有权；他们依赖于互联网，特别是 Web 2.0。共享租车平台 Zipcar 的创始人蔡斯(2015)在其出版的书中认为，共享经济模式存在三个重要的基础因素：闲置资源、共享平台和人人参与，这三个因素是共享经济的主要特征。肖尔（Schor，2015）提出了共享经济的四个特征：产品再循环（re-circulation of goods）、服务交易（exchange of services）、财产优化使用（optimizing use of assets）和社交联系（building social connections）。沙欣和科恩（Shaheen and Cohen，2014）以共享汽车为例，得出了汽车共享的动机是成本节约、地点方便和停车保障。卡森等（Kathan et al.，2016）认为共享经济有以下特征：不拥有所有权、暂时使用、有形或者无形资产的再分配，例如金钱、空间及时间。巴尔迪和埃克哈特（Bardhi and Eckhardt，2012）使用了基于使用权的消费（access-based consumption）的概念，他认为这种消费是一种基于市场调节的交易，但是这种交易并没有发生所有权转移。基于使用权的消费有六个特征：暂时性、匿名性、市场调节、消费者参与、进行使用权消费的物品类型、政治上的消费主义，这种基于使用权的消费提升了社会、商业、政府的意识形态利益和对环境的可持续性。

对于分类，克里斯蒂亚诺和贝尔廷（2016）认为共享经济主要可以分为三类，分别有不同的特征。第一类：具有双边市场的特征，即网络外部性、价格非中性、和平台的从属关系等，他们以 Airbnb 为例说明了共享经济具有双边市场的特性。第二类：不具有双边市场的特性，而是纯粹的分销商模式。第三类：介于双边市场和分销商模式之间，如 Uber。薇拉·德玛丽（Vera Demary，2014）分析了两种共享经济的平台模式：第一种是对等的模式，这种模式中间平台是"共享经济企业"，平台的两边是基于个人的需求方和供应方，共享经济企业不生产任何商品和服务；第二种模式是商家对消费者模式，这种模式下共享经济企业即是一个平台，同时也提供分享的商品和服务。

关于共享经济的优势，贝尔克（2007）将共享（sharing）描述为分配商品交易和赠送礼物的一种替代形式。作者指出共享可以带来促进社交、节约资源以及创造一定的协同效应。库夫曼、米切尔和蒂勒(Koopman, Mitchell and Thierer, 2014)认为共享经济带来了几方面的价值：使未充分利用的资产得到更有效的利用、平台将买卖双方聚集到一起，需求双方的竞争更激烈、减少交易成本和扩大交易范围，通过聚合过去消费者和生产者的评论，减少了买卖双方的信息不对称问题。共享经济为消费者、供应者及中间平台创造了效益。对于消费者，共享经济为其提供了便利，消费者可以不用去购买商品，只要通过使用某种自己想要的商品就可以达到想要的目的。另外，使用一种物品相比购买一种物品是一种低的资本投资。从生态学的角度出发，共享经济减少了商品和服务的浪费现象，服务和商品的供应者及中间平台可以从这种新的商业模式和新的服务中获利[哈马瑞等(Hamari et al.，2016)]。从社会学角度考虑，共享经济的实践增加了社会融合。从经济学角度考虑，共享经济对经济的正效应是毋庸置疑的，只有加入共享平台对双方都有利的时候，人们才愿意加入共享平台。收入的增加或者消费者福利的增加，可以直接看作由于交易成本降低所导致的，但是增加的收入和社会福利的分配可能是不均等的(弗伦肯和肖尔，2017)。以共享短租平台为例，很多学者认为Airbnb的住宿很受欢迎，因为它的价格合理，共同创造的体验和家庭设施具有真实性和独特性[古滕塔格(Guttentag, 2015)；古滕塔格和史密斯(Guttentag and Smith, 2017；张等(Zhang et al.，2016)]。毛振兴和鲁佳颖(Mao and Lyu, 2017)发现与酒店类型的住宿相比，Airbnb上房源带来的感知价值更强，这也是旅客选择共享住宿平台最主要的原因，游客一般在下一次旅行时会再次使用Airbnb平台。安德里亚等(Andrea et al.，2018)认为，除了在出行和短租领域存在共享，在其他领域也存在共享经济，他们以瑞典的社会和传统媒体的数据为依据，研究发现在17个行业和47个分行业长尾中共有165个独特的共享经济参与者，包括按需服务、时装、服装及食品配送等部门，可以看出共享经济涉及的领域非常广泛。金等(Kim et al.,

2015)从社会交易理论视角出发,分析了共享经济的相对优势,并且指出了共享经济带来的经济和社会效益。他们认为共享经济比之前的传统经济模式,可以给参与方带来更多的效益,而且共享经济对传统经济的可替代性、可比性不断增强。从社会利益来看,人们在参与共享经济的同时,也带来了社交网络的扩展,加强了人际交往。弗莱伯格和桑达拉拉詹(Fraiberger and Sundararajan, 2015)认为对于低于中等收入的群体来说,共享经济对他们消费的变化尤为明显,他们的研究结果表明,这些低收入群体能够通过共享经济这种更具包容性、更高质量的租赁方式的消费,获得更大社会福利效应。数字平台已成为全球共享经济中最重要的参与者,Airbnb、Booking.com 或 TripAdvisor(猫途鹰)等跨国公司逐渐转变为控制大多数交易并从中获利的中介机构[高斯林(Gossling, 2019)]。高斯林聚焦住宿,将共享经济与更广泛的协作经济进行比较,讨论其与可持续发展目标相比的社会、经济、环境和政治影响,他认为共享经济具有为可持续性作出非常重要贡献的巨大潜力。点对点商业实践的本质是在线平台和市场同行拥有的可共享资产的协作[古铁雷斯(Gutierrez, 2017)]。李(2019)建立结构方程理论模型探讨了市场合作伙伴如何参与平台组织,以及在新的组织结构中他们如何建立依赖关系。对 224 位 Airbnb 房东的数据进行分析,结果表明,对平台公司的依赖在实现房东主人翁感方面起着至关重要的作用,最终会影响组织和对等房东的公民行为。

共享经济也带来了一定负面的影响,存在一定的劣势。马尔霍特拉和范·阿尔斯泰恩(Malhotra and Van Alstyne, 2014)对共享经济的一些劣势进行了列举:在房屋租赁市场,短期租客可能对长期居住的居民生活造成一定的影响,甚至发生冲突;另外短租市场会影响到长租市场的供给,会对需要进行长租的低收入人群造成一定的影响。在打车市场,进行出行服务的个人很多没有通过执业考试,或者没有相应的商业保险,成本较低;而有执照的出租车司机的投入成本较高,这就使得他们与共享平台中的没有执照的人相比,竞争力减弱。艾纳夫(Einav,2015)提出了它的缺点(如边际成本较高),认为其在市场上只能用来拾遗补阙,即当出现需求高峰时才被需要。亨顿等(Henten et al.,2015)从产业结构的视角讨论了共享经济,他们认为由于共享经济基于互联网平台,所以使交易成本下降;共享经济平台具有双边市场的特征,消费者越多,越吸引供应者,反之同理。另一方面,共享经济与传统经济在市场细分方面,针对的目标客户群不同,所以在一定程度上有互补的作用。当平台的双方进行交易时,可能会对第三方的利益造成损害。比如,在房屋共享经济中,会让进行共享的房屋的邻居感到困扰,并且让他们感受到来自陌生人的危险(弗伦肯和肖尔,2017)。梅尔和赖绍尔(Mair and Reischauer,2017)还认为共享经济在制度和形式上可能都具有一定的破坏性。

近几年共享经济在我国也有较快的发展,国内学者对共享经济的定义、成因及商业模式的研究也较多。汤天波和吴晓隽(2015)对共享经济的基本内涵、主要特点和影响进行分析,认为共享经济是以信息技术为纽带实现使用权共享,具有成本低廉、资本高效和灵活性强的特点,共享经济的产生给传统产业和政府管理带来一定的挑战。董成惠(2016)认为共享经济是人类社会发展到特定阶段,借用互联网络平台、以共享使用权为目的的消费模式,共享经济模式需要符合四个基本条件:网络平台、闲置资源、共享理念和陌生人之间的相互信任。郑志来(2016)研究了共享经济的成因和内涵,总结了共享经济3个方面的赢利模式。秦海涛(2016)认为共享经济商业模式的特点有:利用闲置资源或者服务获取收益、去中介化、动态定价及双向约束机制。刘蕾和鄢章华(2017)将共享经济产生的原因归为被动创新,认为共享经济的出现是为了解决新经济环境下的资源供需匹配问题。与传统经济模式相比,共享经济模式是"去中介化"和"再中介化"的过程。许荻迪(2019)以平台和供需的特征为切入点,对共享经济和泛共享经济进行了区分,指出分时租赁类、实物广告类、在线二手交易类属于泛共享经济的范畴。共享经济的优点还在于更容易整合线下资源，降低了中间环节的成本，并且通过个性化的产品或服务提高竞争优势，同时共享经济也有其自身的劣势，比如消费者权益保障程度低，对传统的商业模式造成冲击，个别大平台容易形成垄断（刘兴汉和钟晓敏，2017）。从经济伦理的角度出发，"共享经济"所促成的是一种适度消费、合作互惠、相互信任的经济伦理新常态（乔洪武和张江城，2016）。吴光菊（2016）以共享短租平台 Airbnb 与共享出行平台 Uber 为例，指出这两种模式的出现是技术因素、社会因素及经济因素共同起作用的结果。何勤等（2019）以微工网为例，分析了共享经济条件下，有正式工作的兼职劳动者和完全兼职劳动者的就业选择影响因素，结果发现两类劳动者劳动选择的推力和拉力存在明显的差异。建议对于灵活就业平台应该有深度发展规划，提供成熟的综合服务，以推动平台的自我规范，解决市场痛点。李牧南和黄槿（2020）对共享经济的范畴和商业模式进行了分析和探讨，重点分析了我国与共享经济相关的商业模式存在的一些问题，并提出相应的政策建议，特别是应突出绿色环保、可持续发展理念和闲置社会资源再利用的共享特质。汤黎明、汤非平和贾建宇（2022）认为企业的成功源于共享经济的特色制度优势和商业模式创新。针对共享经济中存在的供需失衡、商业价值与道德伦理冲突等现实问题，应通过资源配置、政策调控和人力资本培育等方式加以改进。

李海舰和李凌霄（2022）基于共享经济、零工经济、技能经济理论，根据灵活用工方式、共享员工发展实践，系统性地建构起共享员工劳动用工模式的基础框架，并深入阐释了其对国家、单位和个人的意义。同时，通过共享员工分机构、分阶段推进方式，员工劳动合同解除难题化解，共享员工综合治理难题破解等做法，进一步提高共享员工劳动用工模式的可操作性，打造符合时代国家、时代单位、时代员工潮流的新型劳动用工模式，为解决世界性劳动用工难题贡献中国方案和中国智慧。董晓松、霍依凡和赵星（2023）的研究表明，社会公众并不认为共享经济行业具有显著的总体可持续性，而且行业实际绩效展现的可持续性与社会大众认知截然不同。进一步发现：受限于主观认知能力，社会公众认为共享经济可持续性主要来自可观察到的行业外部经济和外部生态等维度，但客观绩效表明，共享经济行业内部的经济和外部的技术优势才是其可持续性的重要支撑。关乐宁（2023）认为共享经济主要有两大创新变革：一是从产权角度有效突破资源约束，商业逻辑从讲求"所有权转让"转变为注重"使用权共享"；二是从技术角度创新破解时空约束，推动服务业从"时空不可分"升维为"时空可分"。间海琪等（2024）构建了我国共享经济发展监测指标体系并测算共享经济发展指数。研究表明，2015—2022年我国共享经济发展指数呈增长态势，但增势趋缓；从分指数看，共享经济的发展基础不断夯实、发展环境逐年优化、发展成效持续显现。

张曙光（2017）认为，共享经济"既然是一种新的生产力，按照马克思的生产力和生产关系理论，必然会出现与之相应的新的生产关系"。常庆欣等（2018）认为共享经济实际并不新，它只是在资本主义市场经济中产生的一种经济现象和一些局部的变化。李刚和周加来（2020）认为共享经济是在现代信息技术（生产力）支持下实现的，涉及多个参与主体之间利益的相互关系（生产关系），所以应该把马克思的历史唯物主义和辩证唯物主义作为解释共享经济发生、发展和完善的基础。朱晗（2021）根据资源所属权将共享经济模式分成两大类——C2C模式和B2C（business-to-customer）模式，其中C2C模式又细分为由市场定价和由平台定价两类。分别选取每类模式内代表性的共享经济平台（共享住宿、打车平台和共享单车），对该模式内的共享经济研究进行梳理，并侧重于关注C2C模式内的定价问题和B2C模式内的资源管理问题。汤黎明、汤非平和贾建宇（2022）认为我国共享经济模式的创新经验主要在于生产力的提升促使经济体系中的交易成本有效降低，共享经济的外溢效应带来了基本公共服务的均等化，同时对共享经济的高质量发展提出了政策建议：一是共享经济中资源错配和"逆向选择"效应应当改变，二是积极发挥财政政策调控职能，对共享经济的供给侧发力；三是大力发展职业教育，培育共享经济高质量发展的人力资本基础。林建武（2022）认为在平台经济中，劳动者被算法所宰制，资本剥削的对象有指向劳动者私人信息与私人数据的倾向，而这意味着劳动者可能陷入一种难以挣脱的控制模式。他参照马克思的劳动理论，说明在平台经济中，劳动者并没有获得自由劳动的机会，甚至由于日常时间的劳动化，劳动者和以往相比可能更不自由了。施杨、赵曙明和张宏远（2022）认为随着共享经济的蓬勃发展，传统人力资源管理模式面临一系列困境，亟须构建适应共享经济时代要求的人力资源管理模式。立足组织形态、雇佣关系、客户理念的新特征和新变化，以"共治、共生、共赢、共创"为主题，构建人力资源管理模式转型的理论框架，可为深入理解共享经济时代人力资源管理变革提供新的认识图景。陈凤娣和廖萍萍（2022）从生产关系变迁视角分析了共享经济发展的特征、问题与对策，认为共享经济生产资料占有形态特征主要体现为所有权与使用权分离，分散的劳动者与分离出来并集中于"云端"的生产资料使用权可以自由地、产权明晰地直接结合。共享经济更好地将分配与交换融合在一起。为促进共享经济健康发展，必须充分发挥好市场和政府的作用，合理分配共享经济的合作收益，规范共享经济的交换行为，有效规制平台垄断行为，促进市场公平竞争。程宣梅、朱述全和陈侃翔等（2023）以共享出行行业为研究样本，对共享经济企业市场进入的内在机制进行了理论探讨和清晰集定性比较分析，认为共享经济企业市场进入有四种基本模式，即"资源柔性—资源共享—需求基础型""资源柔性—资源共享—需求增长型""资源柔性—专业化供给—供需缺口型""战略柔性—资源共享—供需缺口型"。高智（2024）依据系统耦合理论构建耦合评价模型，对我国30个省区市的共享经济发展质量进行测度。结果表明：总体上看,我国共享经济质量不高,位于可接受区间的省区市较少,但大多数省区市共享经济质量在10年间呈上升趋势,发展势头良好;从区域上看,我国共享经济质量存在明显的区域差异,呈现自东向西递减的特征。

二、共享经济平台定价策略

共享经济大规模发展也只有近10年的时间,共享经济的运行属于典型的平台经济的运作模式,研究共享经济平台的定价策略具有很强的现实意义。目前学术界对于共享经济平台定价策略的研究相对较少,主要从双边市场理论或者对具体的共享经济平台的定价策略进行分析。比如,托马斯·韦伯(Thomas A. Weber,2016)将存在和不存在共享经济市场的情形下产品的定价和消费者的选择问题进行对比,研究结果发现,共享经济不仅影响了社会福利,也改变了盈利分配方式。因此,为了实现共享经济的综合利益,社会规制的制定者应该给制造商提供参与共享经济的动机,以鼓励共享经济的发展。霍顿和泽克豪瑟(Horton and Zeckhauser,2016)从所有权、使用权和出租等方面考虑建立模型,模型还考虑了劳动力成本和交易成本对定价的影响,结果证明了共享经济的出现会增加非所有者对共享物品的使用,改变物品所有者对所有权的决定,并影响租金率。姚和朱(Yao and Zhu,2017)将共享经济和传统模式做对比,发现当服务的边际成本较高时,共享模式的定价低于传统模式,共享模式更易于获得更多的利润。共享经济模式中,用户对高、低质量服务的需求比例低于传统模式,当交叉网络外部性强度较大时,高、低质量服务的定价差异在共享模式时相对更小。方志轩等(2017)研究了共享经济的定价和补贴问题,结果证明相比社会福利最大化的定价,平台利润最大化的定价更能导致更多的供给和共享。孔和钟(Kung and Zhong,2017)考虑网络外部性,提出了共享经济中双边平台的利润最大化问题,分析了三种策略(会员费、交易费、价差补贴)下的最优定价。纽兰兹等(Newlands et al.，2018)回顾了共享经济中的4种价格机制：平台对提供者定价、平台对消费者定价、按照交易定价和平台佣金。他们认为平台、提供商和消费者三方关系的特点往往是通过信息不对称实现的单方面有利于平台的分配结果；还提出了一些可能导致这种失衡的机制，并为平台行为、政策选择和未来共享经济如何实现更均衡定价程序的研究制定了路线图。巴甫洛夫和伯曼(Pavlov and Berman，2019)认为当平台采取对供给者进行建议性定价时，平台仅仅扮演中介服务机构的角色，而当平台采取集中定价的方式时，也不一定总是最优，当需求端的方差很大时，平台采取价格建议的定价方式会更有利于平台，但是消费者可能会获得较少的剩余。平台上高质量卖家更偏好平台集中定价的方式。

  以共享出行平台为例，王等(Wang et al.，2016)结合双边市场理论和出租车市场理论，探讨了网约车平台的定价策略。在均衡状态下，如果平台的管理者对平台的一边收取的费用提高，而对另一边保持不变，则网约车的需求会下降；如果平台增加一边的收费，而对另一边降低同样幅度的费用，网约车需求取决于用户对所提供条件的满意度。比皮基斯、坎多安和萨班(Bimpikis, Candogan and Saban，2016)也以共享出行平台为背景，研究了平台的空间定价策略，强调需求模式对平台价格、利润和诱导消费者的影响。他们认为利润和消费者剩余最大化的时候，需求模式在整个网络的位置上是"平衡的"。卡雄等(Cachon et al.，2017)认为当劳动变得更贵的时候，共享出行平台和消费者更愿意采用峰时价格，因为平台和消费者受益于正常需求期间较低的价格和在高峰需求时扩大的服务，动态价格下的平台利润也可达到渐进最优。古普塔等(Gupta et.al，2018)建立了共享出行平台的系统动态模型来考虑平台的定价问题，模型考虑了平台两边用户的正的交叉网络外部性及同边的负的交叉网络外部性。结果表明平台的定价和激励决策对平台表现的不同参数具有长期的影响，比如,司机的利润、平台收入及不同的服务价格水平。班纳吉等(Banerjee et al.,2015)结合共享出行平台上司机和乘客的策略行为、平台的定价行为及系统的排队方法等建立了相应的模型,研究了共享出行平台的动态定价问题及动态定价与静态定价的优势问题。通过建立共享经济的均衡模型,发现通过共享经济的方式,消费者可以获得更多的利益,平台的利润在所有权成本比较高或者比较低时是最低的。当道德风险足够高的时候,共享经济会导致更高的共享资源的使用,在道德风险成本中,平台利润可以是非单调的,这表明一个以营利为目的的平台可能没有消除所有道德风险的动机。从社会福利角度来看,在平台利润最大化条件下产生的社会福利接近于社会福利最大化条件下的结果(Banerjee et al.,2015)。唐等(Tang et al.,2018)研究了共享出行平台的最优价格、工资率及支出比率,认为当市场潜在需求增加时,平台应该提高价格、工资率及支出比率。

对于具体的共享经济平台的研究,卡伦和法罗纳托(Cullen and Farronato,2014)描述了一个P2P(Person to Person,即个人对个人)劳动力市场模型,他们用共享服务外包平台TaskRabbit网站的数据建立模型,结果发现共享服务的供给是高度弹性的,随着需求的增加,每个工人的供给也随之增加,对价格的影响很小或没有影响。沃尔斯滕(Wallsten,2015)考察了纽约和芝加哥的传统出租车市场是如何受到共享出行平台Uber及类似平台影响的,通过分析发现,Uber的日渐流行同利用出租车出行的消费者投诉存在一定的相关性,他们还建议在共享经济中使用个性化的方法匹配用户和提供者,这样可以提高生产力及对服务不足的市场提供服务的可能性。科恩等(Cohen et al.,2016)依赖Uber的"峰时"定价算法和参与的个体层面的数据,测算了平台带来的消费者剩余的大小。结果发现2015年,Uber X在美国4个城市的服务大约产生了29亿美元的消费者盈余,消费者每消费1美元,就会产生约1.60美元的消费者盈余。粗略计算表明，2015年，Uber X服务在美国产生的总体消费者剩余为68亿美元。库蒂等（Kooti et al., 2017）从Uber平台上获取的数据分析了乘客和司机的一些特点：与年长的乘客相比，年轻的乘客使用Uber的频率更高，但他们乘坐的路程更短。他们还评估了影响动态定价、乘客收入和司机行为的因素，结果发现平台的动态定价并不偏向高收入的乘客，另外，如果平台对司机和乘客进行同质的匹配，司机可以获得更高的评级。

国内学者黄快林和龙红明（2016）以在线旅游共享经济平台为例，从消费者特点出发建立了消费者概率选择子模型；基于此模型进一步建立了平台的动态定价模型，最后给出了三种动态定价策略：服务升级动态定价、套票选择以及定制定价。吴晓隽和方越（2017）从双边市场理论出发，结合共享经济的特点，分析了共享经济平台在垄断条件和竞争条件下的最优定价策略及社会福利，结果发现共享经济平台可以通过提高匹配率来降低对两边用户的收费，从而接入更多的用户；此外，当两个平台竞争时，平台可以通过增加差异化程度来增加利润。杨浩雄和魏彬（2016）通过建立平台价格补贴背景下的网约车和出租车的竞争博弈模型，分析了平台价格补贴变化对网约车和出租车的价格、市场需求及利润的影响。结果发现，当网约车平台给予消费者补贴较大、而司机补贴较少时，网约车定价可以取得最大值。肖华勇和王天璐（2018）以滴滴平台为例，研究了共享经济平台的定价问题，结果发现通过共享出行平台价格的动态调整，可以很好地调整共享经济平台供需双方的需求，实现平台利润的最大化和需求者满意度的最大化，能够很好地激励供应者，合理调配运营，因此，动态价格调整对共享经济平台的生存和发展具有很重要的意义。马清和许恒（2018）利用双边市场理论建立了共享经济平台的基本模型，运用拉姆齐定价法，发现处于垄断地位的共享经济平台为实现自身利润的最大化，向平台两边用户收取的费用过高，使供需两边用户的利益受到损失。王志宏和傅长涛(2019)以货运共享经济平台为例,研究了不同用户归属下平台的定价策略,结果发现当双边用户有相同的归属行为时,平台将提升匹配能力以增加收益。

孙玉玲、方向和李岸峰(2022)基于吉登斯的信任理论,运用扎根理论对共享住宿平台数据进行编码和建模,研究共享住宿平台消费者信任的形成机制。共享住宿平台消费者信任的形成遵循"住前准备—实际体验—住后评价"这一基本路径。消费者对共享平台的信任主要包括系统信任与人际信任两类,且系统信任会促进人际信任的形成。陈靖、张晨曦和吴一帆(2022)以共享经济平台为研究对象,考虑随机消费者产品使用率与消费者平台租赁服务评价,对日租制、会员制和混合日租、会员制三种定价模式建立基于消费者效用的选择模型与平台定价模型。代昀昊、王晓允和童心楚(2024)以共享单车平台为例,分析了共享经济助力经济社会和环境的绿色与可持续发展问题,结果发现共享单车平台的入驻总体上显著降低了城市人均二氧化碳排放量;在环境规制强度较低、数字经济发展程度较高、科技创新实力较强,以及有两家共享单车平台共同进驻的地区,共享单车的二氧化碳减排效应更强。李建斌等(2021)以货运共享平台为例,从平台利润视角出发,构建了运单体积不确定装载与配送路径联合优化模型,研究运单体积不确定对定价决策的影响,研究发现可以提升24%的平台利润。刘征驰、蒋贵艳和马滔(2021)基于双边市场理论,构建了共享出行平台定价策略模型,并利用计算实验方法,在Repast(开源仿真工具)中模拟共享出行平台多智能体运行场景。研究发现:无论平台选择封闭策略还是开放策略,平台对共享车收取的交易费应随着乘客出行需求强度增大而升高,且应随着共享车服务质量的增大而降低;平台对乘客收取的交易费应随着共享车服务质量增大而升高,且应随着乘客的出行强度的增大而降低。郭敏和李肖楠(2022)研究了乘客在网约车平台预约订单后的取消行为。以平台利润最大化为目标,首先建立乘客选择模型,计算乘客取消订单的概率,然后分别构建市场供过于求和供不应求状态下的利润模型,求解平台最优定价。研究表明,制定适当的违约规则可以有效减少乘客取消订单的概率,提高平台利润;最优定价随着服务质量的提高而增加,在打车非高峰期,平台可以通过提高服务质量来增加平台利润;非高峰期平台最优定价随着出租车费用的增加而减少,而高峰期定价策略受出租车费用影响较小。张小静和张玉林(2023)构建博弈模型,探究了单边共享平台价值创造策略和定价策略。研究表明:若组内网络外部性低于一定的阈值,当价值创造的成本较低但收益较高时,共享平台与用户价值共创策略更优;当价值创造的成本较高且收益也高于一定的阈值时,用户价值独创策略对平台更有利。宋亚楠等(2024)构建了以平台为领导者、司机为跟随者的 Stackelberg(博弈模型),研究了共享出行平台的定价和补贴策略。结果发现,当平台收取的佣金比例低于 1/3 时,平台的最优策略是不进行补贴;当平台收取的佣金比例高于 1/3 时,平台的最优策略是只对司机补贴;与平台采取不补贴策略相比,平台对司机补贴能够提高司机服务努力水平,增加平台收益。博馨等(2024)从双边市场特征出发,综合考虑知识产品的时效性和社交特征,构建多阶段平台最优定价模型,并通过知乎 Live 实证数据实现模型参数估算和数值求解。研究表明,在平台发展的初创期和成长期,用户规模的扩散率和初始规模对平台定价策略均无明显影响,但在成熟期,初始规模对平台收益有正向影响;知识产品时效性及社交特征所影响的主体不同,产品时效性越大,对平台的发展和运营越有利。

第三节 共享经济平台供给端定价及相关研究

关于共享经济平台供给端用户的行为的研究,主要涉及供给者的定价策略以及对传统商业模式的影响等。由于数据不易获得,现有文献主要是通过调研问卷或者网络技术获取相关数据。

马丁、沙欣和利迪克(Martin,Shaheen and Lidicker,2010)根据对北美共享车辆的调查发现,共享车辆平台明显降低了自有车辆的持有量,从调查样本来看,家庭平均车辆数量从0.47辆下降至0.24辆。泽尔瓦斯等(Zervas et al.,2013)以美国得克萨斯州的Airbnb数据为例进行实证分析,结果显示Airbnb房源数量增加10%,酒店收入将减少0.37%;而且发现Airbnb对酒店的影响是不均匀的,价格较低的酒店和不提供商务旅行服务的酒店受影响最严重,这也说明了共享短租平台主要是迎合了休闲旅行人士的需求,同时性价比相对较高。泽尔瓦斯、普罗瑟皮奥和拜尔斯(Zervas,Proserpio and Byers,2015)又进一步以世界范围内Airbnb上超过60万套房源为研究对象,发现大约有95%的房源获得4.5颗星或5颗星的好评,几乎没有低于3.5颗星的。然而他们又发现在TripAdvisor网站上,有近50万的酒店评分低于平均评分(3.8颗星),这充分说明了Airbnb平台上的房源得到的评价更高。方、叶和劳(Fang,Ye and Law,2015)以美国爱达荷州的Airbnb网站上的房源数据为例,研究了共享短租平台的进入对当地旅游业的就业率产生的影响。结果显示共享短租平台的进入对旅游业的就业率产生了显著的正向效应,可以看出在一定的发展阶段,共享经济对解决失业问题起了重要的作用。但是,共享经济的边际效应随着共享短租平台房源数量的增加而减小。政府对共享经济的进入不能采取放任态度,应该采取适当的监管措施。科伊尔和杨(Coyle and Yeung,2016)根据泽尔瓦斯等的方法对欧洲14个城市的Airbnb房源进行研究,分析房源数量对酒店入住率的影响。结果发现,共享短租平台Airbnb上的房源数量对酒店入住率产生负向的影响,但对酒店整体收入和酒店平均价格影响为正。京地(Gyodi,2017)以波兰首都华沙的Airbnb房源为研究对象,考察了Airbnb对未充分利用的资源产生何种价值,以及是否会为不受游客欢迎的地区带来一定的正向效益,结果发现Airbnb降低了长租市场的房源数量,相比传统酒店,Airbnb并没有显著地促进城市外围地区的旅游业。王和尼古拉(Wang and Nicolau,2017)以Airbnb上33个城市的180 533个房源数量为研究对象,考察了基于短租市场的共享经济的价格决定因素。如果一个房东是超级房东(superhost)、拥有更多的房源(more listing)、已进行实名认证(verified identities),那么出租的房源一般能够收取更高的价格,研究还证实房源的位置、房屋的性质、基础设施、服务、租住规则,以及在线评论都显著地影响了房源的定价。夸特隆等(Quattrone et al.,2016)获取了2012—2015年英国伦敦Airbnb上的房源数据,通过数据分析发现,共享住宿的需求主要来自旅游地附近,Airbnb房源数量从伦敦各个城市中心开始减少。阿卜杜勒、赖和严(Abdar,Lai and Yen,2017)引入了人群偏好挖掘模型,采用等级匹配率的方法,对Airbnb上诸多国家的房源进行统计性分析,主要依据三个特点:房源特性、房屋类型和星级分析消费者行为。结果发现除了英国,整套房源是最主要的房源类型,大部分国家的Airbnb房源都比较注重房源的星级打分。弗朗西斯卡(Francesca et al.,2018)根据意大利维罗纳市Airbnb上的1 056个房源数据,分析了房东类型和市场需求对房源住宿定价的影响,通过回归结果发现,房源的住宿价格与房东的类型及房源的需求(可预订房源)有显著相关,这也为房东根据市场需求动态调整价格提供了依据。柯(Ke,2017)对Airbnb网站上19个国家的200多万条数据进行了分析,结果发现Airbnb在全球不同国家的覆盖范围各不相同,平台上整套出租的房源的数量远远大于独立单间的数量,有超过一半的房源没有获得星级评分;消费者对房源的评论大多很积极,Airbnb上拥有多套房源的房东数量占比虽然不是很多,约为10%,但是这些房东拥有的房源数量占33%,呈现厚尾特征。

张等(Zhang et al.,2016)分析了共享经济的供给端服务提供者的满意度及其影响因素,调查了"个人信息安全信任度""盈利能力""应用程序易用性""应用程序效率"和"社交互动"5个因素,通过描述性分析和相关性分析,发现总体满意度与其他5个因素之间存在显著的相关关系。应用程序效率、社交互动与整体满意度有较高的相关性。此外,司机对提交的个人信息的信任度极高,对应用程序的易用性、应用程序的效率和总体满意度的感知水平也较高。朱等(Zhu et al.,2017)通过问卷的方式,考察了消费者接入共享经济平台的内在原因,对收集的314个调查对象的调查数据进行分析,发现自我效能感是对消费者价值感知有直接影响,对行为意向有间接影响;功能价值、情感价值和社会价值是消费者对共享经济平台的整体感知价值的前因变量。吉布斯(Gibbs,2018)全面分析了Airbnb房东的动态定价,使用39 837条Airbnb房源的属性和销售信息,以及来自5个市场的1 025家酒店数据来测试不同的假设,探讨了Airbnb房东使用动态定价的程度,以及酒店的定价策略。结果表明,Airbnb是一个独特而复杂的平台,与酒店相比,Airbnb的房东很少使用动态定价策略;拥有更多经验的房东在高需求休闲市场拥有房源、管理更多房源时房间价格差异最大;Airbnb需要鼓励其房东的动态定价。布拉尔(Blal,2018)研究了Airbnb供应对Airbnb发源地旧金山的酒店销售业绩的替代和互补效应。Airbnb上房源的供应不影响酒店客房的销售,这说明两者之间存在一定的补充效应,但Airbnb房源的平均价格对酒店RevPAR[①]产生积极影响。Airbnb用户满意度得分对RevPAR产生负面影响,表明存在替代效应,且低档酒店比高档酒店受到的影响更大。陈(Chen,2021)实证研究了Airbnb的供应和商业周期是如何影响酒店行业房间需求的价格弹性(PED)的。他利用2009—2016年台北市国际旅

[①] RevPAR是revenue per available room的缩写,指每间可供租出客房产生的平均实际营业收入。

游酒店的月度运营数据,通过马尔可夫转换模型发现,Airbnb 的总房源在高峰期与 PED(需求价格弹性)正相关;Airbnb 的供应对台北市的酒店业构成了替代威胁;从商业周期的影响来看,客房需求弹性表现出反周期性质。

王春英和陈宏民(2018)对国内的 C2C 共享短租平台小猪民宿平台上的房源数据进行了分析,通过分位数回归,发现共享经济平台上的低价位的房源确实能迎合低端用户的需求,降低其住宿成本。吴晓隽和裘佳璐(2019)对 Airbnb 上中国的 36 个城市的房源数据进行 OLS 和分位数回归分析,结果发现信任度与社交度对住宿定价有显著影响,而且对于不同价位房源的定价影响程度各不相同。王保乾和邓飞(2018)的研究表明家庭可支配收入越高,消费者对高价的共享短租房源接受度越高,选择低房源价格的消费群将房东个人信息作为选择的重要依据,并从共享短租房源的供给者、共享短租平台和相关监管部门三个角度对共享短租行业的健康发展提出相关意见和建议。陈子燕和邓丽(2019)对 Airbnb 上的专业房东和业余房东的定价差异进行了分析。结果发现专业房东对房源数量、可容纳人数、房屋的整洁等因素更加重视,而非专业房东对地理位置、评分等因素更加重视。严蕾(2019)对 Aribnb 的粉丝进行了问卷调查。通过对 127 份问卷数据进行实证分析,建立民宿租赁平台用户使用意愿影响因素模型,挖掘出消费者最看重的因素,结果发现有用性、易用性和娱乐性会正向影响使用态度和使用意愿,使用态度在有用性、易用性、娱乐性和使用意愿之间起部分中介的作用。王水莲和李志刚(2019)认为共享短租平台 Airbnb 拥有平台、用户网络和利益相关者三个层次结构,通过共创驱动,增强了平台的吸引力、用户的创造性等。沈琼、郝金磊和尹萌(2019)运用扎根理论,以小猪民宿为例,分析了共享经济的商业模式创新要素及路径。苏丹(2017)以滴滴出行为例,运用实证方法分析了网约车对传统出租车行业的冲击,结果发现网约车的出现确实冲击了传统出租车行业的垄断地位,冲击作用主要受到城市年均生产总值、人均年收入、人均城市道路面积、城市面积和人均绿地面积 5 个因素的不同程度的影响。李立威(2019)以 Airbnb 和小猪民宿为例,分析了共享经济中多层信任的构建机制,提出制度、信息和交互是三种主要构建方式。

马双、王智豪和张超(2022)采用要素市场竞争理论,基于北京、上海、广州三个城市中的 328 个划分区域,探讨了共享住宿房源密度对房屋租赁价格的影响及边界条件。研究共享住宿房源密度促使了房屋租赁价格上涨,这一直接效应会随着替代市场和供给市场规模的增长而得以缓解。剌利青、徐菲菲和韩磊(2022)以 2021 年北京市 Airbnb 数据为基础,综合运用 OLS 回归和空间计量模型方法对北京市的 Airbnb 房源价格影响因素进行研究。结果表明:不同类型特征变量对房源价格的解释力从高到低依次为:房源特征、声誉特征、房东特征、邻里特征,房源物理属性是消费者支付意愿和 Airbnb 房价的决定因素;房东特征是房源价值的重要组成部分,更多的身份验证信息和更短的回复时间有助于实现 Airbnb 房源溢价。刘刊、周宏瑞和曲玉玲(2023)构建了三维 Hotelling 模型,探索共享产品介入下的共享平台双边市场、产品消费三方市场均衡机制。研究发现,在 C2C 共享模式中,潜在需求的开发规模与共享经济中的定价决策密切相关,受平台产品拥有量的积极影响,双边市场的感知价值差异和外部性对产品消费决策起到了调节作用;共享平台的最优定价决策,与供给市场的外部性、供给者感知价值差异及供给成本密切相关,与消费市场关系不大。陈立中和唐恬(2023)通过对 X 平台武汉市场住房租赁交易数据的实证研究发现,X 平台企业对线上客源的定价较线下客源低约 3.2%,对同源平台客源的定价较竞争平台客源低约 2.3%,此外,在性别和年龄上也存在一定的异质性,他们认为支持线上租赁平台建设、鼓励住房租赁市场的经纪品牌以加盟的方式加入平台、反对平台利用数字技术对不同客源差别定价,有利于租赁平台健康规范的发展。

第四节　共享经济监管的相关研究

共享经济作为新生事物，在给人们生活带来便利的同时，也带了一些负面的社会效应，给政府的行政监管也带来一定的挑战。劳赫和施莱歇尔（Rauch and Schleicher，2015）认为对于共享经济的发展及带来的问题，美国的地方和州政府可以采取混合型监管策略，对消费者及现有企业进行保护，主要包括三种策略：对共享经济企业进行补贴，鼓励其扩大生产服务公共物品，产生大量的消费者剩余，或者尽量减少对不动产市场的过度监管；将共享公司作为再分配的工具；与共享经济企业签约，提供传统的政府服务。库夫曼、米切尔和蒂勒（Koopman, Mitchell and Thierer, 2014）从消费者保护理论出发，认为如果不断的应用过时的监管制度可能会损害消费者的利益，以及互联网和信息技术市场的增长，应该通过创新和竞争使消费者的福利增加，这比监管带给消费者福利的增加更明显。他们认为互联网和信息技术减轻了某些监管的需要，而且加上传统监管机制的缺陷，消费者福利最终可能会通过放松传统的监管而得到更好的保护。布雷特·哈里斯（Brett Harris，2017）认为西雅图 2015 年设立的条例是一种对共享经济的规制方法。该条例允许 Uber 和 Lyft 平台上的司机们创建工会，集体与平台进行集中的"讨价还价"，以增强司机在与平台谈判时的议价能力。他们深入探讨了共享经济带来的劳工问题，认为这种集体谈判权会很快扩展到其他存在共享经济的州或地区。

从共享经济监管的难点和挑战来看，迪尔-昌德（Dyal-Chand，2015）认为共享经济监管的难点是如何对共享经济平台进行准确的定位，比如，Uber 是雇用数百名司机的出租车服务公司还是共享出行应用程序的开发者？政策制定者无法进行监管共享经济主要是没有找到这些问题的答案。他认为共享经济作为一种新的资本组织形式，需要新的监管方式，应该先对共享经济体制进行调查，从市场的公平参与和消费者的安全两个方面提出监管建议。克雷策-利维(Kreiczer-Levy,2014)从消费财产的角度分析了共享经济对它的挑战,他认为共享经济对物权法的挑战不仅停留在消费资产方面,在监管方面也涉及许多法律问题:从公平住房法和公共设施法到税收,以及营业执照和其他管理制度。以 Airbnb 为例,政策制定者必须谨慎行事,既不要重复过时的观念,也不是简单地将房屋重新归类为商业房产企业,而是需要创新监管理念。米勒(Miller,2015)根据共享经济的特点,以短租市场为例,提出了共享经济监管的基本原则:对共享经济的差异性实行差异化监管;在共享经济发展较快的地区,监管需要重新设计,以达到与最初为传统行业制定的监管相同的目的,保护共享经济,创造的新市场;规范共享经济,需要以正确的信息为依据;监管当局需要意识到共享经济的存在是一种好的经济形态;共享经济重建了相关市场,打乱了原来的监管结构,对共享经济的监管需要一种不同于传统商业模式的监管方式。蒙科和米克尔(Munkoe and Mikkel,2017)认为共享经济的飞速发展给欧洲的监管机构带来了一些挑战,监管机构需要明确共享经济的定位:共享经济服务提供者是共享经济平台的雇佣者还是独立的承包商;如果是独立的承包商,那他们应该被认为是独立的商业实体还是独立的个人;共享经济平台与平台接入者的契约关系。他还认为当局者应该从平台对用户的保险制度、共享经济服务提供者所获收入的纳税问题、共享经济带来的负的社会外部性问题进行监管。斯莫托(Smorto,2018)描述了在欧洲监管共享经济面临的主要法律挑战,并解释现有的欧盟机构法律是如何应用这些新的商业模式的;提出对共享服务提供者的监管应该区分专业和非专业人员,对于不同的参与者制定不同的监管政策;建议欧洲监管部门明确共享经济平台是价格的制定者,还是建议者,以及是否拥有用于提供基础的关键资产服务,通过明确这些问题来审慎监管平台。艾伦和博格(Allen and Berg,2014)认为对于共享经济的监管,监管机构应在此之前鼓励自下而上的、有机的、自我监管机构先于自上而下的政府监管；减少职业许可；需要避免特定于行业的监管框架，为平台提供不断改善其业务模式的环境；减少监管，以鼓励创业精神和灵活的工作方式。兰乔达斯和索菲亚(Ranchordas and Sofia,2015)从共享经济的现实实践与关系共享经济的创新法律出发，基于创新法律的视角，提出了共享经济监管所面临的挑战，建议在保持共享经济的创新性特点下，监管政策应该相对较少且较宽泛同时不能扼杀共享经济的创新，但也需要加强最低限度的具体法律要求，以规制共享经济的创新实践。

  国内学者彭岳(2016)认为以互联网专车为代表的共享经济给传统的出租车市场带来了冲击，并出现了一定的规制难题，规制者不能将这种共享经济视为传统行业的互联网化，不应该对其采取全有全无的策略，而应该以类比方式施加传统规则，鼓励市场创新，减少行政干预。刘奕和夏杰长(2016)认为共享经济在我国面临着政府政策限制、市场体系诚信缺失、消费者共享意识不够等问题，应该对共享经济的发展持包容态度，消除其发展的政策风险；应该创新监管理念，出台适用共享经济的法律法规。马强(2016)认为对于共享经济的监管应该首先建立完善的个人信用体系，创新监管方式、加强平台的信息安全管理，以及向相关产能过剩行业拓展共享经济商业模式。李佳颖(2017)认为共享经济的监管不能受制于传统社会经济监管制度，应该创新监管方式，主要从4个方面提出监管建议：建立完善的共享经济监管基础体系、根据共享经济各领域发展要求创新监管、建立参与者与第三方监管的合作监管模式、促进共享经济发展与供给侧结构性改革战略相结合。孙瑜晨(2018)认为对共享经济应该建立竞争导向型监管；将保护竞争秩序和竞争过程的反垄断政策内置于监管框架的核心；弱化共享经济中的相关市场概念；积极规制共享经济平台滥用市场支配地位的行为；共享经济领域的经营者集中审查时还应当注意纵向一体化和数据集中的问题，以及建立促进竞争的数据分享机制。费威(2018)从共享经济的发展角度，对共享经济监管制度提出的建议：在共享经济的发展初期，应该采取一定的激励机制，在成熟期应该鼓励公平竞争；无论在共享经济发展的哪个阶段，都必须坚持严格的准入和退出机制。贺明华等（2018）采用实证检验的方法，分析了共享经济监管机制对感知隐私风险、消费者信任及持续共享意愿的影响，结果发现政府监管可以降低消费者对隐私风险的感知，政府监管与行业自律相结合可以明显降低隐私风险，感知隐私风险直接降低了消费者对共享经济平台的信任水平，并且明显减弱了消费者的共享意愿。董成惠（2019）研究了网约车类共享经济的监管问题，主要讨论了网约车平台在运作过程中出现的问题，以及对这些问题应该采取的监管措施。由于网约车涉及的是公共交通问题，因此网约车的监管应该是政府主导下的公共交通安全和秩序的公共政策，而不应该对这方面的共享经济采取完全市场化的竞争政策；建议对巡游车和网约车实行统一监管标准，建立政府线下监管、网约车平台线上监管的协同监管机制。张丙宣和华逸婕（2019）以共享单车为例，从无序与强制关系出发，提出共享经济平台应该在巩固和扩大监管平台的基础上，采取分层和分布式监管方式；公共部门应该积极参与解决共享经济的外部性问题；平台企业应该对平台上的市场失灵问题进行有效监管，利用大数据积极生成消费者和生产者信用，并进行动态监管，维护平台生态平衡，达到有效监管效果。

共享经济的发展有助于加快国民经济循环、促进资源快速流通、节约交易成本、提高资源配置效率，但是也给税收监管带来了相当的难度。赵怡（2022）从共享经济税收征管的角度出发，立足于共享经济的税收征管现状，分析了目前我国共享经济由于税源征管复杂、纳税成本高、跨地区逃避税等原因造成的纳税遵从度低的问题，并提出了提高共享经济纳税遵从度的对策建议：健全纳税主体登记制度，明确税目划分标准；简化纳税申报流程，提高征税效率；构建全国数字化征税平台，加强国际合作，减少跨地区税收流失。赵琳和唐权（2021）认为共享经济对现行税收管理体制带来的挑战日益凸显,具体表现在四个方面:第一,共享经济给传统的"以票控税"征管方式带来了挑战,产生了较大的税收流失;第二,共享经济商业模式的跨时空、网络化与匿名性导致共享经济税收征管的弹性化;第三,共享经济领域交易双方信用缺失容易导致税收信用缺失;第四,共享经济从业人员的纳税失范行为容易发生。王立剑(2021)对共享经济平台个体经营者的概念和特征进行了界定,提出"福利身份化"的社会保障制度与"去劳动关系化"的共享经济平台个体经营者用工关系之间的矛盾是引发社会保障实践困境的根源;建议明确共享经济平台个体经营者社会保障政策创新的主要思路,确定共享经济平台个体经营者社会保障模式和相关主体责任,优化社会保险参保缴费机制。蒋国银、陈玉凤和匡亚林(2021)基于扎根理论,收集了行业领域治理类的政策文本及Airbnb与滴滴出行共享平台的用户评论,判别并归纳出优化要素,构建了共享经济平台数据治理政策优化框架。最终从平台外环境、平台内要素、行业平台数据治理三个维度出发,设计政策适应优化、政策执行强化、政策反馈新增路径,完善了共享经济平台数据治理政策文本。陈兵和赵青(2022)认为随着共享经济与灵活就业的发展,出现了专门为共享经济平台与平台就业人员提供证照代办、身份核验、业务分包、收入结算等综合性服务的"服务平台"。在服务平台场景下,平台就业人员的劳动权益保障又呈现出一些特有的新问题,对于这些问题,需要服务平台落实签约、履约管理责任,监管机关整备"用工关系认定指南",由行业协会、工会乃至科研机构、主流媒体等社会各界共同参与,共建平台领域健康良好的用工秩序。王伟(2022)从信用法治视角分析了共享经济监管。他认为共享经济颠覆了传统经济运行模式,产生了监管的时滞,传统经济运行模式语境下的监管制度并不能对共享经济发展所带来的一系列问题进行有效监管,共享经济监管应当更加注重信用监管机制的运用,这既符合共享经济的发展方向,也是建设诚信社会的客观要求。而基于这一路径,则需要公权与私权的合作,建立相应的信任机制,推动信用监管法治化,加强信息互动,构建信任、包容、普惠的信用法治秩序,进而促进共享经济发展。郑晨蓉(2022)认为平台型企业承担社会责任的路径建构应分别考虑其二元属性,基于其市场属性确定积极的社会责任,通过设置内部特殊治理机构充分发挥平台型企业的市场监管责任,辅助行政机关执法并形成有效的自我监督机制;基于其企业属性确定消极的社会责任,通过规制企业的私权力运用,使其逐利行为合乎商业道德。关钰桥和孟韬(2022)采用多案例研究方法,以滴滴出行、哈啰出行和闲鱼为例,构建了共享经济企业成长各阶段合法性获取的动态演化机制,并强调了不同共享经济商业模式在合法性获取中的差异,体现了内部制度情境因素对合法性获取的影响。研究发现,共享经济具有长期存在的经济逻辑和组织逻辑。合法性获取是进行商业模式创新的共享经济企业自适应环境、制度性嵌入的过程。

第五节 文献述评

本章对已有的双边平台的定价策略和共享经济的相关研究进行了梳理,主要涉及双边市场的定价理论、共享经济的定性分析、平台定价策略、供给端定价策略,以及共享经济监管等方面。可以看出国内外对共享经济的研究已经相对较多,但也存在一些不足。笔者在已有研究的基础上,做了一定的拓展。

第一,对共享经济的已有研究大都定位于静态的描述特征或是平台定价,并没有从发展的、动态的视角分析共享经济。对于共享经济平台对两边用户的定价问题,现有文献中模型的建立没有充分考虑不同供给端的特点,没有对不同的发展阶段进行对比。本书将对共享经济的发展阶段进行细致的分析，用相关案例和数据予以支撑。在单一垄断情况下，对不同阶段下共享经济平台对两边用户的均衡定价、接入用户规模及平台利润进行分析，并且将平台在两个不同发展阶段时的均衡状态进行对比，分析共享经济的发展成熟阶段是否比最初阶段可以使平台获得更多的利润，以及带来更多的社会福利。

第二，以往文献中，考察两个平台竞争时定价策略的文献大都是基于两个同质的平台，用户加入两个平台的初始价值大都一样，很少有对两个不同质平台的竞争策略进行分析，特别是对于共享经济平台和专业平台的竞争策略的分析几乎没有。本书考察了两个不同质平台的竞争，共享经济平台和传统专业平台是不同质的两类平台，这两类平台可以存在于同一个产业领域，比如出行领域、旅行住宿领域，但是这两类平台对于两边用户的初始效用并不一样，因此本书基于两个平台对两边用户的各种差异的视角，分析了共享经济平台与传统专业平台的竞争策略，对共享经济平台的竞争策略更具有现实指导意义。

第三，已有分析中也有对共享短租平台出租房源的定价策略的分析，但大都仅局限于房东的定价策略，没有对定价特征进行深入研究；已有文献中有一定数量的文献分析了共享经济平台对专业平台的影响，比如，共享短租平台Airbnb上民宿对传统酒店的收入等产生的影响，但是反过来研究传统酒店对民宿定价影响的文献较少。因此，本书对相关平台的数据进行了计量分析。在共享短租平台上房源定价影响因素这一层面，还引入了专业平台上酒店的价格和数量来分析专业平台对共享经济平台的影响，利用共享短租平台的房源数据，进一步发现了共享经济的一些特点，分析专业房东和业余房东定价的差异性，用数据验证了共享经济发展过程中出现的两类异质用户，两类异质用户存在着不同的回报要求，这一结论为共享经济的发展演化提供了强有力的支撑。

第二章 | 不同发展阶段下共享经济平台的定价策略

- 第一节　共享经济的发展阶段及特点
- 第二节　最初发展阶段共享经济平台定价策略分析
- 第三节　发展成熟阶段共享经济平台定价策略分析
- 第四节　共享经济发展两个阶段的定价策略对比
- 第五节　案例分析

如前文所述,共享经济存在两种商业模式:重资产运作的 B2C 模式(如 Zipcar、Wework、哈罗单车)和轻资产运作的 C2C 模式(如 Airbnb、滴滴出行的快车)。B2C 模式下,共享经济可以认为是分时租赁的商业模式,仅在需求端存在共享活动;而 C2C 模式下,共享经济在供给端和需求端均存在共享活动,这种在供需两端均存在共享的商业模式具有典型的双边市场特点,也是发展较好的一种商业模式。这一章节及第三章、第四章将着重对轻资产运作的双边平台模式下的共享经济相关问题进行探讨。

Zipcar 产生至今共享经济已经发展了近 20 个年头,它是否还和最初呈现一样的特点,还是发生了哪些变化,这是非常需要关注的。随着共享经济的发展,共享经济平台对两边用户的定价策略是否发生了变化,以及在不同发展阶段,平台的定价策略对比情况如何,是本章将重点研究的内容。

第一节　共享经济的发展阶段及特点

一、萌芽阶段:仅在需求端的共享

共享经济的萌芽阶段是以 Zipcar 的创立为标志的,主要是由于需求端存在共享的需求。Zipcar 的预订过程非常简单方便,仅需要一分钟就能完成;会员可以通过会员卡取车;公司通过监控车辆的使用情况,高效完成车辆的调度工作;会员可支付会员年费或单次使用租金,绑定信用卡后,系统将自动完成扣费,方便快捷。Zipcar 缓解了当时美国交通拥堵和停车难的问题,迎合了美国民众的需要。因此,在共享经济的萌芽阶段,Zipcar 的发展非常迅速。成立之初,Zipcar 仅拥有 4 辆自购的汽车,在美国波士顿运营;2007 年,已经完成了 F 轮融资,运营车辆超过 5 000 辆;2008 年,用户已经超过 22 万人,并开始向校园市场进军。

数据显示,由于需求端的共享能力不断增强,共享经济的发展非常迅速,但是这一阶段的共享经济有很明显的特征:重资产运作。Zipcar 的车辆主要有三种来源:自采、融资租赁和经营租赁。其中,自采车辆占比超过 70%。因此,这一阶段的共享经济仅在需求端存在共享,是消费端"共享"某一种商品或者服务(汽车)。

在共享经济的萌芽阶段,重资产的运作模式使共享经济平台具有较高的资产负债率。数据显示,2012 年,Zipcar 的固定资产约占 50%,现金及等价物占 10%,仅有 4 500 万美元,而公司每年购置和租赁车辆需要 8 000 万美元左右。2012 年,Zipcar 的资产负债率接近 50%,重资产运作模式及融资困难,使其很难再继续扩张,2013 年,共享经济的鼻祖 Zipcar 被租车公司巨头安飞士集团以 4.91 亿美元的价格收购。

需要重申的是,共享经济的萌芽阶段是以重资产运作模式为特点的。Zipcar 平台上的车辆是该公司购置或租赁的。这种重资产运作的模式,仍然是当下一些共享经济平台所采取的商业模式,如共享单车、共享办公、共享充电、共享按摩椅等,这类共享经济平台存在资产管控能力较强、对市场供给拥有一定的主动权等优势。

二、最初发展阶段:闲置资源的共享

随着 Zipcar 的成功和不断壮大,共享经济的理念已被大众所接受,2008 年和 2009 年,共享经济分别在新领域进一步发展:出现了共享住宿平台 Airbnb 和共享出行平台 Uber。这两个平台更具备"共享"的性质,在共享经济平台的两端——供给端和需求端均存在共享:供给端用户将闲置资源发布在平台上供消费者"共享";需求端的消费者在短时间内与其他消费者"共享"平台上的同一物品或服务。平台采用轻资产运作的方式,主要起联通两边用户的中介纽带作用。

共享经济最初发展阶段的这种特征,主要是由供给端的产能过剩及需求端的旺盛需求导致的。由于人们对共享经济的需求不断增加,重资产的模式又需要共享经济平台投入巨大的成本购置供给资源,故而这种方式难以为继。而轻资产运作的方式,是通过在供给端利用过剩的闲置资源,达到资源的再利用。

以萌芽阶段的 Zipcar 和最初发展阶段的 Uber 为例,这两个平台都是交通出行领域,不同的是在供给端:Zipcar 是通过自采或融资租赁的方式为消费者提供出行服务的车辆;而 Uber 是通过搭建平台,吸引闲置车辆拥有者在平台上利用闲暇时间为消费者提供出行服务,Uber 不需要购置车辆,主要是因为旺盛的需求和在供给端存在闲置的产能(车辆及闲暇时间)。重资产的运作模式的共享经济平台投入成本、运营成本均较高,而轻资产模式下的共享经济平台的运作成本相对较低,赢利模式也相对清晰。

同时,轻资产的运作方式还有一个明显的特点:平台上的共享产品具有多样性。例如,Zipcar 上的车辆是由公司统一购置的,车辆类型比较单一;而 Uber 上的车辆是供给者的自有车辆或是租车公司的,车辆的品牌、车型、款式、价位不统一。Uber 平台根据不同价格分为五种车型:Uber X、Uber Taxi、Uber BLACK、Uber SUV、Uber LUX。其中,Uber X 提供的是经济型车的拼车服务,价格最低;Uber Taxi 为出租车打车服务,价格比 Uber X 高;Uber BLACK 为豪华打车服务,主要是由豪华私家车主为用户提供的豪华打车服务,服务更周到;Uber SUV、Uber LUX 为更加奢华的打车服务,车型更加高档,服务更周到,服务的客户也更高端。

因此，Uber平台上不仅有出租车公司的车辆，还有私家车。想利用闲暇时间获得一定收入的私家车车主，可以注册Uber的司机，在平台上提供出行服务，利用闲置资源（闲暇时间）获得一定的收入。滴滴出行的商业运作模式和Uber基本一致。

共享短租平台Airbnb的房源更具多样化，房东可以将闲置的房间发布在Airbnb平台上，房客在平台上选择喜欢的房间入住。由于Airbnb平台的房源不是平台统一建设或者租赁的，因此，房间的装潢也各不相同，不仅如此，平台上的房源类型也不一样，有树屋、城堡、房车、蒙古包、帐篷等，这与传统酒店标准统一的装修风格有着本质的不同。商品或服务的多样性是共享经济平台非常重要的一个特点。

另外，由于参与共享经济的服务或商品大多为闲置资源（闲暇时间或闲置房源），供给者大都有低回报的要求，在共享出行平台上的司机不是全职在平台上提供服务，因此他得到可以覆盖其闲暇的机会成本的回报即可。在共享短租平台上提供住宿服务的房东将其闲置的房间进行出租，他们得到可以覆盖其打理房间的成本的回报即可（无须全成本核算）。因此，这些闲置资源比传统专业平台上的供给资源的定价要低，加上其多样化的优势，在与同一领域传统参与者竞争方面具有明显的优势。共享经济在这一阶段得到了快速的发展。

三、发展成熟阶段：非闲置资源的共享

由于共享经济在用户体验和节约成本等方面的突出优势，人们对共享资源的需求越来越旺盛，根据需求决定供给的理论，闲置资源的供给已经不能满足共享经济平台消费者的需求。因此在共享经济发展成熟阶段，共享资源的供给由闲置资源的供给逐渐转变为存在一部分非闲置资源的供给。共享资源供给者开始存在两种类型：专业的共享资源供给者

和业余(兼职)的共享(闲置)资源供给者。

专业的共享资源供给者提供的服务或商品已经不再是闲置资源,比如,共享出行平台上出现了专业的司机,他们不再是利用闲暇时间在平台上提供出行服务,而是全职在平台上提供服务;在共享短租平台上也出现了专门从事民宿短租的职业房东,不再是将自己的一间或者一套闲置房源在平台上进行出租,而是拥有几套甚至更多的房源在平台上进行出租。这种类型的共享资源供给者成为专门从事这一商业活动的供给者。专业的共享资源供给者的回报要求相对于业余的共享资源供给者的回报要求更高。因为相对于兼职供给者,专业供给者的收入来源仅限于在共享经济平台上提供服务,其回报要求相对更多,即服务时间更长、出租房源更多。

以共享出行平台 Uber 为例,2015 年,Uber 公司聘请调研机构本纳森战略集团(Benenson Strategy Group)对其平台上的司机进行了抽样调查,结果显示,Uber 上提供乘车服务的司机大体可以分为四类:专职司机、转型司机、新加入的司机及兼职司机。具体如图 1 所示:

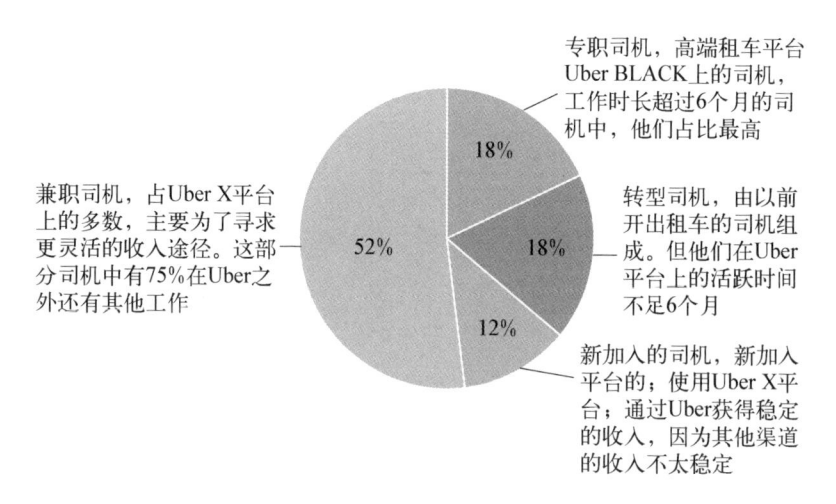

图 1　Uber 平台上的司机类型(2015 年)

从图 1 可以看出，如果单纯进行兼职和专职的分类，可以将转型司机粗略划分为专职司机，这样一来，平台上的专职服务司机达到 36%。Uber 平台逐渐转变为有一定比例的专职司机。他们不再是利用闲置时间在打车平台上赚取额外的收入，而是增加工作时间，成为专职司机，得到了更高的回报。可以看出，共享经济平台供给端提供不再是单纯的闲置资源或服务，有些资源或服务被专门用于共享；存在两种不同类型的资源或服务的提供者。

以共享短租平台为例，2017 年，艾瑞咨询发布了《2017 年中国在线短租行业研究报告》。在被调研的 835 位房东中，仅有 14.6% 的房东表示运营的房源是自己所有，82% 的房东表示是通过租赁获得的房源（详见图 2）。这些二房东是专门从事共享短租这一商业活动的。房东中的自由职业者约占 30.1%；自营业主占 31.5%，自营业主可以归结为专业房东，可以看出专业房东在共享短租平台上已经占有一定的比例。

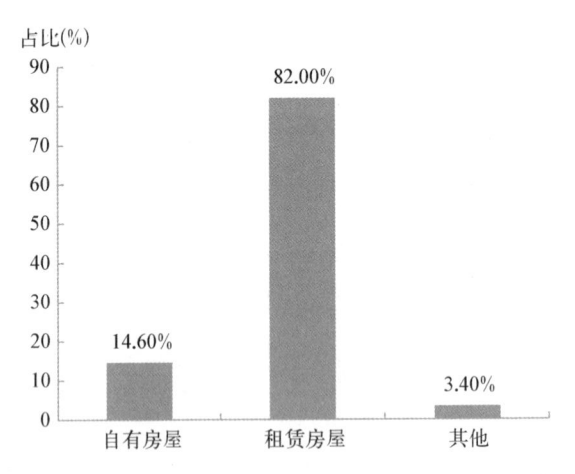

图 2 共享短租平台上房东运营房源类型占比（2017 年）

2017 年，美国饭店业协会（AHLA）发布的《Airbnb 增长的关键驱动力——多房源房主》。报告显示，Airbnb 的业务已经远远超过了真正意义上的房屋共享,它在美国营收的 81%,共计 46 亿美元都源自"完全出租"(即房主在整个租期内都不会出现在所出租房源内)。这种类型的房东在一定程度上属于"职业"房东。

可以看出,在共享经济发展成熟阶段,共享经济平台在供给端存在一定比例的专业供给者,全职从事共享经济商业活动,即在共享经济平台上全职提供商品或服务。由于进行共享的资源不再是闲置的,资源的供给者也不再是业余的,因此,回报率高于利用闲置资源提供服务的业余供给者。共享经济发展成熟阶段,供给端存在两类异质的供给者:专业的共享资源供给者和业余的共享资源供给者。这两类供给者对其提供的共享资源有着不同的回报要求,专业的共享资源供给者回报率相对较高,而业余的共享资源供给者的回报率相对较低。

四、共享经济的特点

针对采用双边平台模式、轻资产运作的共享经济平台,本书主要研究了共享经济在最初发展阶段和发展成熟阶段的定价策略等问题,得出共享经济具有以下特点:

(一) 共享经济依托双边平台模式

共享经济借助网络技术,搭载网络平台进行商业活动,因此具有典型的双边平台的特点。首先,共享经济平台连接着两边的用户:平台的一边是共享物品或服务的供给者,另一边是共享物品或服务的消费者。两边用户在共享经济平台进行交易活动,平台为两边用户提供中介服务。其次,共享经济平台两边用户存在很强的交叉网络外部性。交叉网络外部性指在一个平台上的两边用户的效用随着另一边用户数量的增加而增加,平台的两边用户相互吸引,平台一边的用户数量受另一边的用户的影响,一边的用户数量越多,越能吸引另一边的用户的加入。共享经济平台的两边用户也存在着交叉网络外部性,平台上共享资源消费者越多,越能吸引共享资源提供者的接入;反之,平台上共享资源提供者越多,越能吸引消费者的接入。再次,平台对两边用户的定价结构非中性,平台收费的公式:$P = P_B + P_S$,由于市场中各方参与者的需求价格弹性的差异,不同参与者对平台的偏好不同,需要对市场中的各方参与者采取不同的价格策略。一般来说,平台企业倾向于对市场中需求弹性小的一方收取高价,对需求弹性大的一方收取低价。而随着双边市场的发展,市场内的平台企业为了快速获取大量用户占据竞争优势地位,往往会实行免费策略,甚至提供补贴给某一方的参与者。随着平台企业的竞争,平台对两边用户的定价不是一致的,由两边用户的特点所决定,可能对一边用户收费而对另一边用户免费,或者对一边用户的定价低于另一边用户,平台利用两边用户交叉网络外部性,通过非中性的定价,达到两边用户相互吸引的效果,使平台两边用户的接入规模达到最优,平台利润达到最大。

(二)平台上的共享资源具有多样性、差异化

供给者在共享经济平台上提供的共享资源(闲置或非闲置)大多是个人提供的,而不是规模化的商户提供的,因此共享经济平台上的共享资源呈现多样性的特点,如前文所述,在共享出行平台上提供出行服务的车的品牌多种多样、车型也样式不同。在共享短租平台,房源的装修风格、类型也各不相同。这种多样性、差异化可以给消费者带来不同的用户体验,也是共享经济在消费端得到广泛认可和接受的一个重要特点,迎合了消费者的多样化、差异化需求。

(三)共享资源供给者存在异质性

通过分析共享经济的不同发展阶段,可以看出在共享经济发展最初阶

段,参与共享经济的物品或服务大多为闲置资源,供给者通过共享经济平台转让或者共享短时间的闲置资源使用权,对闲置资源的回报要求并不像传统的商业模式一样需要全成本核算,而是收回一部分闲置时的沉没成本即可,因此,闲置资源供给者有低回报的要求。而在共享经济发展成熟阶段,存在一部分专业从事共享经济商业活动的全职共享资源供给者,其回报要求相较于闲置资源提供者要高,此时,共享经济平台存在两种异质的供给者:专业的共享资源(非闲置)供给者和业余的共享资源(闲置)供给者。

第二节　最初发展阶段共享经济平台定价策略分析

一、模型构建

根据共享经济的特点,首先对共享经济在最初发展阶段的定价策略进行建模:共享经济平台的一端是闲置资源(物品或服务)的供给者(s),供给者将闲置的物品或服务放在平台上进行交易,一般具有低回报率(r)的要求;另一方面,接入平台的供给者的资源本来是闲置的,接入平台后,当存在交易时供给者需要对其提供的共享资源付出一定的成本,如维护成本、投入的时间和精力等(统称"交易成本")。另一端是使用(并不占有)这种物品或服务的消费者(c),与传统专业平台的消费者不一样。加入共享经济平台的消费者对平台上的物品或服务具有多样化、差异化(Q)的要求,平台上的差异化与平台供给者数量有关,供给者数量越多,提供的产品的差异化越高,因此,存在差异化水平系数 q,使 $Q = qn_s$。

闲置资源的供给者和消费者在共享经济平台 i 上进行交易。一般来说,共享经济平台按照交易次数向闲置资源供给者收取一定比例的交易费。n_s、n_c分别代表供给者和消费者的数量，α_s代表平台上的消费者对闲置资源供给者的交叉网络外部性强度，α_c代表平台上的闲置资源供给者对消费者的交叉网络外部性强度，有$\alpha_s > 0$、$\alpha_c > 0$。

闲置资源供给者的效用函数为：

$$u_s = \theta r \alpha_s n_c - \beta n_c p_s - \beta n_c f \tag{2.1}$$

其中：θ代表供给者的类型，即对其在平台上提供的闲置资源的回报率要求，在[0,1]上服从均匀分布；r代表闲置资源供给者在平台上提供闲置资源得到的回报率水平，在[0,1]上服从均匀分布；β代表交易频率，βn_c代表消费者与供给者的交易次数，与消费者人数呈一定比例；p_s代表平台对供给者收取的单次交易费，f代表闲置资源提供者接入平台后，进行交易时付出的单位交易成本。

消费者的效用函数为：

$$u_c = \lambda q \alpha_c n_s - p_c \tag{2.2}$$

其中：λ代表消费者的类型，消费者对平台上的物品或服务的差异化水平要求，在[0,1]上服从均匀分布；q代表供给者提供的共享资源的差异化水平，在[0,1]上服从均匀分布；p_c代表平台对消费者收取的注册费。

为简化模型，假设共享经济平台对两边用户的固定成本与边际成本为0，可以得到平台利润函数为：

$$\pi = n_s \beta n_c p_s + n_c p_c \tag{2.3}$$

二、均衡分析

作为理性的闲置资源供给者和消费者，只有$u_s > 0$时，闲置资源供给者才会加入平台；只有当$u_c > 0$时，消费者才会加入平台。因此存在无差异点θ^*、λ^*，当$\theta > \theta^*$、$\lambda > \lambda^*$时，闲置资源供给者和消费者会加入平台。将 $n_s=1-\theta^*$、$n_c=1-\lambda^*$ 代入函数(2.1)、(2.2)、(2.3)可以得出：

$$u_s(\theta^*) = \theta^* r\alpha_s(1-\lambda^*) - \beta(1-\lambda^*)p_s - \beta(1-\lambda^*)f$$

$$u_c(\lambda^*) = \lambda^* q\alpha_c(1-\theta^*) - p_c$$

$$\pi^* = (1-\theta^*)\beta(1-\lambda^*)p_s + (1-\lambda^*)p_c$$

共享经济平台两边用户是否加入平台的无差异点为：$\theta^* = \dfrac{\beta(f+p_s)}{r\alpha_s}$、

$\lambda^* = \dfrac{p_c}{q\alpha_c} \cdot \dfrac{r\alpha_s}{r\alpha_s - \beta p_s - \beta f}$，将其代入利润函数，可以得出：

$$\pi^* = \max_{p_s, p_c} \left[1 - \dfrac{p_c}{q\alpha_c} \dfrac{r\alpha_s}{r\alpha_s - \beta p_s - \beta f}\right] \left[\beta\left(1 - \dfrac{\beta(f+p_s)}{r\alpha_s}\right)p_s + p_c\right]$$

利润函数存在最大值时,需满足约束条件：$\beta f + \beta p_s - r\alpha_s < 0$，分别对 p_s、p_c 求偏导，$\dfrac{\partial \pi^*}{\partial p_s} = 0$，$\dfrac{\partial \pi^*}{\partial p_c} = 0$，可以求得利润最大化时，平台对供给者和消费者的最优定价为：

$$p_s^* = \dfrac{2r\alpha_s - q\alpha_c}{3\beta} - \dfrac{2}{3}f, \quad p_c^* = \dfrac{(\beta f + 2q\alpha_c - r\alpha_s)(q\alpha_c + r\alpha_s - \beta f)}{9r\alpha_s},$$

将 p_s^*、p_c^* 带入 θ^*、λ^*，进一步求得最优的接入规模为：

$$n_s^* = \dfrac{1}{3} + \dfrac{q\alpha_c - \beta f}{3r\alpha_s}, \quad n_c^* = \dfrac{1}{3} + \dfrac{r\alpha_s - \beta f}{3q\alpha_c},$$

平台的均衡利润为：$\pi^* = \dfrac{(q\alpha_c + r\alpha_s - \beta f)^3}{27qr\alpha_c\alpha_s}$。

可以看出，从定价来看，共享经济平台对闲置资源供给者的最优交易费定价随着交易频率(β)的升高而降低；同时随着对闲置资源回报率(r)的提高而提高；供给者加入平台后对其闲置资源付出的交易成本(f)越高，则平台收取的交易费越低；消费者对闲置资源供给者的交叉网络外部

85

性越强(α_s),平台会对闲置资源的供给者提供更高的定价。这是因为如果消费端的交叉网络外部性较强,则说明消费端对闲置资源供给端有很强的吸引力,那么,平台就会对闲置资源供给者收取较高的定价,反之则收取较低的交易费。而供给端对消费端的交叉网络外部性(α_c)越强,则平台对供给者收取的交易费越低,说明供给者对消费者的吸引力越大,而平台倾向于通过对供给端降低定价来吸引更多的消费者加入。共享经济平台对消费端的定价受平台上商品或服务的差异化水平,以及闲置资源供给者对消费者的交叉网络外部性的影响,如果供给者提供的商品或服务的差异化水平(q)越高,则越能满足消费者的需求,则平台对消费者的定价越高;闲置资源的供给者对消费者的交叉网络外部性(α_c)越强,则说明闲置资源供给者的吸引力越高,那么,平台就会对消费端收取较高的定价,反之则收取较低的价格;供给端的回报率(r)和消费者对供给者的交叉网络外部性强度(α_s)对平台对消费端的定价产生负向的影响:供给端的回报率越低,则说明供给者对平台的黏性不高,平台则更倾向于对消费者收取更高的价格;交叉网络外部性的作用也是同样的道理。

结合上述论述,可以得到命题1:

命题1:共享经济平台对供给端的交易费定价受交易频率、供给者付出的交易成本、用户间交叉网络外部性的强度、闲置资源回报率及共享资源的差异化水平的影响。交易频率和供给者加入平台后付出的交易成本越高,平台对供给端的定价就越低;消费端的交叉网络外部性越强、闲置资源回报率越高,平台对供给端的定价就越高;供给端的交叉网络外部性越强、共享资源的差异化水平越高,平台对供给者端的定价就越低。平台对消费端的定价也受这些因素的影响,交易频率和交易成本同样对其产生反向影响,其他影响因素对消费端的定价产生的影响与供给端相反。

从平台两边用户的接入规模来看,两边用户接入平台的规模都与交易频次和供给端付出的交易成本成反比;接入平台的供给端的规模的影响因素，与平台对供给者定价的影响因素产生相反的作用。供给者提供产品的差异化水平（q）越高，对消费端的交叉网络外部性越高（α_c），则有越多的供给者接入平台；供给端的回报率（r）和消费者对供给者的交叉网络外部性强度（α_s）对供给者的接入规模产生负向的影响。反之，与接入平台的供给者的规模相比，这些因素对接入平台的消费者的规模产生负向的影响。另外，可以看出，当 $q\alpha_c - \beta f > 0$ 时，$n_s^* > \dfrac{1}{3}$；$r\alpha_s - \beta f > 0$ 时，$n_c^* > \dfrac{1}{3}$。

从共享经济平台获得的均衡利润公式，可以得到命题2：

命题2：共享经济平台的利润受供给者的交易成本、用户间的交叉网络外部性强度、闲置资源回报率及共享资源的差异化水平的影响。供给者接入平台后的交易成本越高，则平台的利润越低；其他影响因素均对平台利润产生正向的影响。

具体来看，如果共享经济平台两边用户的交叉网络外部性越强（α_c、α_s），则两边用户的增加给对方带来的效用越大，就有越多的用户接入平台，共享经济平台的利润就越高；供给端的闲置资源回报率（r）越高，带给供给者的效用越大，则越多的供给者接入平台，那么平台的利润就越高；供给者提供的共享产品的差异化水平（q）越高，越吸引消费者的接入，则平台的利润越高；供给者加入平台后进行交易的成本越高（βf），越减弱供给者接入平台的总效用，减少接入的数量，则会导致平台的利润越低。

第三节　发展成熟阶段共享经济平台定价策略分析

一、模型构建

通过对共享经济发展阶段的梳理可以看出，随着共享经济的不断发展,有些共享资源供给者要求的回报率仍然较低(提供的是闲置资源),同时还存在一部分要求高回报率的供给者(提供的不是闲置资源),这类用户属于专业供给者。在同一平台上存在两种异质的共享资源供给者:高回报率(r_h)的共享资源供给者和低回报率(r_l)的共享资源供给者。低回报率的闲置资源的供给者仍然考虑接入平台后进行交易时所付出的交易成本(维护成本、时间成本等),因为这类供给者所提供的共享产品本来为闲置,如果付出的交易成本太高,则不会加入共享经济平台,仍然继续留作闲置;而专业的高回报率的供给者,其提供的资源专门从事共享经济活动,高回报率的要求已经考虑了投入成本,因此,其效用函数中不再专门考虑交易时的成本投入与闲置时的效用对比。令 u_s^h、u_s^l 分别为高、低回报率的供给者的效用函数,假设低回报率的供给者进行交易的成本仍然为 f,$r_h = kr_l$,$k > 1$,则:

$$u_s^h = \theta_1 k r_l \alpha_s n_c - \beta n_c p_s, \quad u_s^l = \theta_2 r_l \alpha_s n_c - \beta n_c p_s - \beta n_c f \quad (2.4)$$

消费者的效用函数为:

$$u_c = \lambda q \alpha_c (n_s^h + n_s^l) - p_c \quad (2.5)$$

共享经济平台的利润函数为:

$$\pi_{h,l} = (n_s^h + n_s^l)\beta n_c p_s + n_c p_c \quad (2.6)$$

二、均衡分析

同样,只有当 $u_s^h > 0$,$u_s^l > 0$,$u_c > 0$ 时,平台两端的用户才会加入该平台。因此,存在差异点 θ_1^{**}、θ_2^{**}、λ^{**},使得当 $\theta_1 > \theta_1^{**}$,$\theta_2 > \theta_2^{**}$,$\lambda > \lambda^{**}$ 时,平台两端的用户会加入平台,否则将不加入。因此,加入共享经济平台的共享资源供给者和消费者的数量为:

$$n_s^h = 1 - \theta_1^{**}, \quad n_s^l = 1 - \theta_2^{**}, \quad n_c = 1 - \lambda^{**} \quad (2.7)$$

将 θ_1^{**}、θ_2^{**}、λ^{**} 代入效用函数(2.4)(2.5),可以得到无差异点:

$$\theta_1^{**} = \frac{\beta p_s}{kr_1\alpha_s}, \quad \theta_2^{**} = \frac{\beta(f+p_s)}{r_1\alpha_s},$$

$$\lambda^{**} = \frac{kr_1 p_c \alpha_s}{q\alpha_c\beta[p_s+k(f+p_s)]-2kr_1 q\alpha_c\alpha_s},$$

将公式(2.7)代入利润函数(2.6),对 p_s、p_c 求偏导,求出平台利润最大化条件时对两边用户的均衡定价:

$$p_s^{**} = \frac{2k(2r_1\alpha_s-\beta f)}{3\beta(1+k)} - \frac{q\alpha_c}{3\beta},$$

$$p_c^{**} = \frac{[(1+k)q\alpha_c+k(2r_1\alpha_s-bf)][2(1+k)q\alpha_c-k(2r_1\alpha_s-bf)]}{9k(1+k)r_1\alpha_s},$$

将均衡价格代入 θ_1^{**}、θ_2^{**}、λ^{**},可以求得:

$$\theta_1^{**} = \frac{2(2r_1\alpha_s-\beta f)}{3r_1\alpha_s(1+k)} + \frac{q\alpha_c}{3\,kr_1\alpha_s},$$

$$\theta_2^{**} = \frac{4k}{3(1+k)} - \frac{q\alpha_c}{3r_1\alpha_s} + \frac{\beta f(3+k)}{3(1+k)r_1\alpha_s},$$

$$\lambda^{**} = \frac{1}{3} + \frac{\beta f(3+k)}{3(1+k)q\alpha_c},$$

则平台上共享资源供给者存在不同回报率情况下的接入规模为:

$$n_s^h = 1-\theta_1^* = \frac{q\alpha_c}{3\,kr_1\alpha_s} - \frac{1-3k}{3(1+k)} + \frac{2\beta f}{3r_1\alpha_s},$$

$$n_s^l = 1-\theta_2^* = \frac{3+7k}{3(1+k)} - \frac{q\alpha_c}{3\,kr_1\alpha_s} - \frac{\beta f(3+k)}{3(1+k)r_1\alpha_s},$$

$$n_s^{**} = 2-\theta_1^*-\theta_2^* = \frac{2}{3} - \frac{\beta f}{3r_1\alpha_s} + \frac{(1+k)q\alpha_c}{3\,kr_1\alpha_s},$$

$$n_c^{**} = 1 - \lambda^* = \frac{1}{3} + \frac{k(2r_1\alpha_s - \beta f)}{3(1+k)q\alpha_c}$$

则共享经济平台的最大利润为：

$$\pi^{**} = \frac{[(1+k)q\alpha_c + k(2r_1\alpha_s - \beta f)]^3}{27k(1+k)^2 qr_1\alpha_c\alpha_s}。$$

根据均衡解，本文可以得到命题3：

命题3：当存在两种不同回报要求的共享资源供给者时，平台对两边用户的定价、用户接入规模及平台利润的影响因素与最初发展阶段一致，它们还受两类用户的高、低回报率比率的影响：回报率比率越高，则平台对供给端的交易费定价越高，接入平台的专业供给者越多、业余供给者越少，平台对消费端的定价越低，接入规模也越大，平台获得的利润也越多。

具体来看，在共享经济发展成熟阶段，当平台上供给端的共享资源供给者存在不同的回报率要求时，平台对供给者的交易费定价的影响因素和影响作用，与最初发展阶段大体一致：随着交易频率和交易成本（βf）的提高而降低；随着消费端的交叉网络外部性（α_s）和回报率（r_1）的提高而提高；随着供给端的交叉网络外部性（α_c）和共享资源的差异化水平（q）的提高而降低。这一发展阶段，平台对供给端的定价还受供给者不同回报率比率（k）的影响，k越大，则平台对供给端的定价越高。这是因为k越大，高回报率的供给者的回报要求越高，其越是专业的供给者，平台对这类用户的重要性越高。可以看出，共享经济平台上是专职的、要求高回报率的供给者时，平台对供给者端的交易费定价就会提高。

平台对消费端的定价的影响因素也与最初发展阶段大体一致，但是在发展成熟阶段，平台对消费端的定价也受供给端两类用户的回报率比率（k）的影响：k越大，平台对消费端的定价越小。因为，k越大，平台上专业供给者的回报率更高,平台对供给端的定价越高,平台为了吸引更多的消费者接入,同时由于双边平台定价非中性,往往会降低对消费端的定价。

在共享经济发展成熟阶段,两边用户接入平台的规模受两类用户回报率比率(k)的影响。高回报率的专业供给者规模(n_s^h)与k成正比:k越大,则专业供给者得到的回报率(r_h)越高,则有更多的专业供给者接入平台;低回报率的供给者接入平台的交易成本(βf)越高,则n_s^h越大。因为,低回报率的供给者将闲置资源接入平台后,如果交易成本较高,这类用户可能会退出平台,对整个市场来说,就有更多数量的专业供给者可以接入。而接入平台的高回报率的专业供给者规模(n_s^l)与k成反比,k越大,则(闲置)资源的供给者获得的回报越低,接入平台的规模相对较小。接入平台的消费者的规模与k成正比:k越大,则接入平台的专业供给者的回报率越高,接入平台的专业供给者的规模越大,越能吸引更多的消费者的接入。

从平台利润来看,在共享经济发展成熟阶段,平台的利润受影响因素与最初发展阶段大体一致;平台的利润还受高、低回报率比率(k)的影响,k越大,π^{**}越大,这说明平台的专业供给者的回报率越高,则平台可以获得越多的利润。

三、数值模拟分析

在共享经济发展成熟阶段,共享经济平台上出现了两种不同质的供给者:低回报率的供给者和高回报率的供给者,通过MATLAB进行数值仿真分析,根据模型设定的基本假设,以及利润最大化时的约束条件:
$$\frac{6kr_1\alpha_s}{q\alpha_c[(1+k)q\alpha_c-\beta fk+2kr_1\alpha_s]}>0,参考相关数值模拟分析的文献,$$

如吕正英等(2016)、单姗(2017)、王强和陈宏民(2017)等对相关参数进行赋值,考察交叉网络外部性强度和回报率变化对共享经济平台两边用户的定价和平台利润的影响。

(一)α_s、α_c 对平台定价和利润的影响

假定 $r_1=0.3$,$k=2$,$q=0.9$,$\beta=10$,$f=0.1$,α_s、$\alpha_c \in [1, 5]$ 时,通过仿真分析,平台对两边用户的定价和平台利润的变化如图 3 所示:

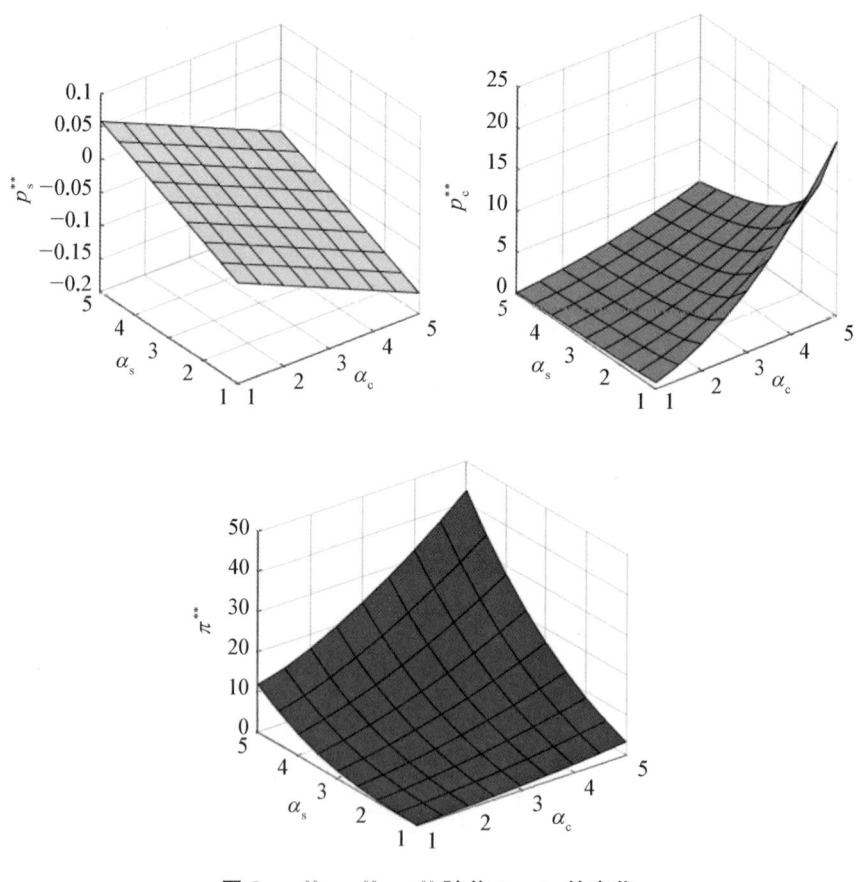

图3 p_s^{**}、p_c^{**}、π^{**} 随着 α_s、α_c 的变化

通过数值仿真分析可以看出,当其他参数给定时,随着消费者对供给者的交叉网络外部性强度(α_s)的增加,平台对供给端的交易费定价(p_s^{**})逐渐提高。这主要是因为消费端给供给端带来的效用较大,平台利用消费端吸引供给端的能力较强。因此,平台对供给端的定价随着α_s的提高而提高;反之,当供给者对消费者的交叉网络外部性强度(α_c)逐渐提高时,p_s^{**}呈下降趋势。因为α_c越大,供给者对消费者的吸引力越大,越能吸引更多的用户接入平台,平台对供给端的交易费定价也就越低。

平台对消费端的定价(p_c^{**})也受消费者和供给者之间的交叉网络外部性强度(α_s、α_c)的相互影响。一方面,p_c^{**}随着消费端对供给端的交叉网络外部性强度(α_s)的提高而下降,α_s越高,消费者对供给者带来的效用越大,越能吸引更多的供给者接入平台,平台对消费端的定价就越低;另一方面,p_c^{**}随着供给端对消费端的交叉网络外部性强度(α_c)的提高而提高,α_c越高,供给者对消费者带来的效应越大,平台利用供给端吸引消费端,因为供给端的网络外部性较强,所以p_c^{**}会提高。

共享经济平台的利润π^{**}随着消费端和供给端的交叉网络外部性强度(α_s、α_c)的增加而增加,这是因为平台两边用户相互吸引的能力越强,给平台带来利润越多。

另外,平台对供给端的交易费定价有一部分为负值,这是因为在进行数值模拟时,我们将q值设为0.9,即供给者提供产品的差异化程度较高。由于差异化程度较高,平台更倾向于对供给者收取较低的交易费,以吸引更多的消费者接入,满足消费者不同的消费需求。

(二)r_1、k对平台定价和利润的影响

假定$\alpha_s=6$,$\alpha_c=3$,$q=0.9$,$\beta=10$,$r_1\in[0.1,0.3]$,$k\in[2,4]$时,通过仿真分析,平台对两边用户的定价和平台利润的变化如图4所示:

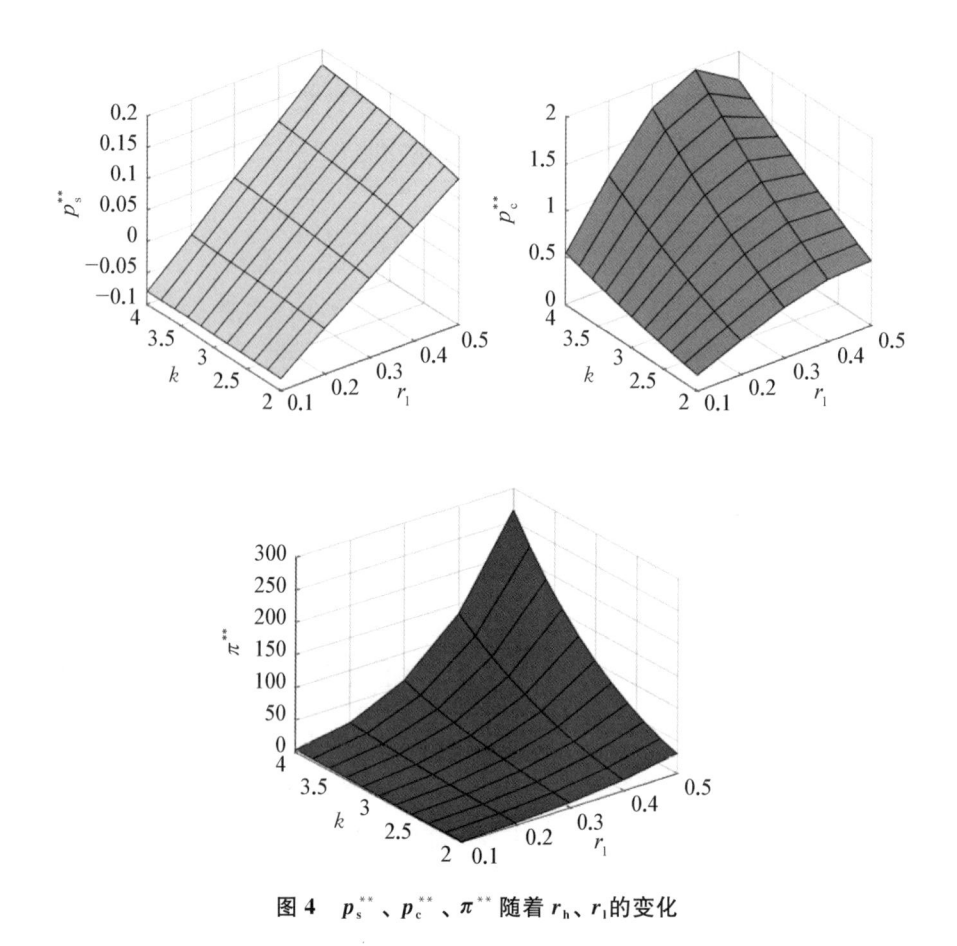

图4 p_s^{**}、p_c^{**}、π^{**} 随着 r_h、r_l 的变化

通过数值模拟分析可以看出,当其他参数固定不变时,平台对供给端的交易费定价 p_s^{**} 随着供给者的低回报率和回报比率(r_l、k)的提高而提高;当低回报要求的供给者提高回报要求时,平台对供给者的定价逐渐提高。这是因为,如果闲置资源的供给者逐渐提高回报率,其从平台上获得的收益越多,那么,平台对其的价值就越高,共享经济平台就越会对全部的供给者收取更高的交易费。如果 k 越大,说明专业供给者的回报率更高,则平台也倾向于向供给者收取更高的交易费;而消费端的定价

(p_c^{**}),随着供给者的低回报率(r_1)的提高呈现先上升后下降的趋势。当闲置资源供给者的回报率提高到一定程度时,平台给这类供给者带来的效应越大,平台的黏性越强。这时平台倾向于降低消费端的定价,吸引消费者的接入。p_c^{**} 随着回报比率(k)的提高而提高,当专业供给者的回报率更高时,其提供的商品或服务的专业性更强,对消费端的吸引力也越强,平台对消费端的定价也越高。

共享经济平台的利润随着(r_1、k)的提高而提高,随着 k 的增长比例相对更高,这说明当专业供给者的回报率相对更高时,共享经济平台可以获得更多的利润。

第四节　共享经济发展两个阶段的定价策略对比

当共享经济平台的供给端由单一的闲置资源供给者逐渐发展成存在两种不同回报要求的供给者时,市场均衡存在一定的差异。将共享经济平台在供给端发展演变后的市场均衡情况与最初发展阶段的市场均衡进行对比,具体如表 1 所示:

表 1　共享经济发展两个阶段的定价策略对比

项　目	最 初 发 展 阶 段	发 展 成 熟 阶 段
资源供给者分类	单一的闲置共享资源供给者	专业的共享资源提供者
特点	供给者对闲置资源只有低回报要求	不同的供给者对共享资源存在不同的回报率要求,有高、低回报率之分

续　表

项　目	最初发展阶段	发展成熟阶段
对供给端均衡定价	$p_s^* = \dfrac{2r\alpha_s - q\alpha_c}{3\beta} - \dfrac{2}{3}f$	$p_s^{**} = \dfrac{2k(2r_1\alpha_s - \beta f)}{3\beta(1+k)} - \dfrac{q\alpha_c}{3\beta}$
对消费端均衡定价	$p_c^* = \dfrac{(\beta f + 2q\alpha_c - r\alpha_s)(q\alpha_c + r\alpha_s - \beta f)}{9r\alpha_s}$	$p_c^{**} = \dfrac{[(1+k)q\alpha_c + k(2r_1\alpha_s - bf)][2(1+k)q\alpha_c - k(2r_1\alpha_s - bf)]}{9k(1+k)r_1\alpha_s}$
供给端均衡接入规模	$n_s^* = \dfrac{1}{3} + \dfrac{q\alpha_c - \beta f}{3r\alpha_s}$	$n_s^{**} = \dfrac{2}{3} - \dfrac{\beta f}{3r_1\alpha_s} + \dfrac{(1+k)q\alpha_c}{3kr_1\alpha_s}$
消费端均衡接入规模	$n_c^* = \dfrac{1}{3} + \dfrac{r\alpha_s - \beta f}{3q\alpha_c}$	$n_c^{**} = \dfrac{1}{3} + \dfrac{k(\beta f - 2r_1\alpha_s)}{3(1+k)q\alpha_c}$
平台利润	$\pi^* = \dfrac{(q\alpha_c + r\alpha_s - \beta f)^3}{27qr\alpha_c\alpha_s}$	$\pi^{**} = \dfrac{[(1+k)q\alpha_c + k(2r_1\alpha_s - \beta f)]^3}{27k(1+k)^2 qr_1\alpha_c\alpha_s}$

假设共享经济平台最初发展阶段的回报率（r）与发展成熟阶段存在异质供给者时的 r_1 相等（共享资源为闲置时供给者的回报率水平），即均为低回报率水平：$r = r_1$。

一、平台对两边用户定价对比

在最初发展阶段，$p_s^* = \dfrac{2r\alpha_s - q\alpha_c}{3\beta} - \dfrac{2}{3}f$；在发展成熟阶段，$p_s^{**} = \dfrac{2k(2r_1\alpha_s - \beta f)}{3\beta(1+k)} - \dfrac{q\alpha_c}{3\beta}$，$p_s^{**} - p_s^* = \dfrac{2[(k-1)r\alpha_s + \beta f]}{3\beta(1+k)}$，由于 $k > 1$，因此 $p_s^{**} - p_s^* > 0$，$p_s^{**} > p_s^*$，即共享经济平台在发展成熟阶段对供给

端的定价大于平台最初发展阶段。根据同样的方法,可以得出 $p_c^{**} - p_c^* = \frac{(\beta f)^2}{9(1+k)r\alpha_s} + \frac{2(q\alpha_c)^2}{9kr\alpha_s} + \frac{2\beta f(k-1)}{9k(1+k)} + \frac{q\alpha_c}{9} + \frac{(1-3k)r\alpha_s}{9(1+k)}$,可以看出等式右边前 4 项均大于 0,但是最后一项 $\frac{(1-3k)r\alpha_s}{9(1+k)} < 0$,$p_c^{**} - p_c^*$ 的大小无法确定,因此,在共享经济的两个发展阶段,平台对消费端的定价高低无法精确对比。

二、两边用户均衡接入规模对比

在共享经济平台的最初发展阶段和发展成熟阶段,接入平台的共享资源供给者规模之差为:$n_s^{**} - n_s^* = \frac{1}{3}\left[1 + \frac{q\alpha_c}{kr\alpha_s}\right]$,由于 $k>1$,因此,$n_s^{**} - n_s^* > 0$,可以看出,在共享经济发展成熟阶段,接入平台的供给者大于最初发展阶段的接入规模。接入平台的消费者规模之差为:$n_c^{**} - n_c^* = \frac{(k-1)r\alpha_s + \beta f}{3(1+k)q\alpha_c}$,由于 $k>1$,故 $n_c^{**} - n_c^* > 0$,所以,在共享经济的发展成熟阶段,接入的消费者数量也大于最初发展阶段。

三、平台利润和社会福利对比

共享经济平台在两个发展阶段获得利润分别是 $\pi^* = \frac{(q\alpha_c + r\alpha_s - \beta f)^3}{27qr\alpha_c\alpha_s}$、$\pi^{**} = \frac{[(1+k)q\alpha_c + k(2r_1\alpha_s - \beta f)]^3}{27k(1+k)^2 qr_1\alpha_c\alpha_s}$。这两个发展阶段,共享经济平台带来的社会福利由三部分组成:平台利润(π)、供给者剩余(s_s)和消费

者剩余 s_c),即 $w=\pi+s_s+s_c$。$s_s=n_s*u_s$,$s_c=n_c \cdot u_c$,由此可以得出在共享经济的两个发展阶段,共享经济平台带来的社会福利情况为:

$$w^* = (1-\theta^*)(1-\lambda^*)(r\alpha_s+q\alpha_c-f) = \frac{2(r\alpha_s+q\alpha_c-bf)^3}{27qr\alpha_s\alpha_c},$$

$$w^{**} = r_1\alpha_s(1-\lambda^{**})[k(1-\theta_1^{**})+1-\theta_2^{**}]-\beta f(1-\lambda^{**})(1-\theta_2^{**})$$
$$+(1-\lambda^{**})(1-\theta_1^{**}-\theta_2^{**})q\alpha_c \text{ ①}。$$

交叉网络外部性强度是平台较为重要的特质。根据文中的假设,利用 MATLAB 进行数据仿真分析,考察随着交叉网络外部性强度的变化,这两种情况下社会福利的大小。不失一般性,在 $r=r_1=0.3$,$k=0.6$,$q=0.9$,$\beta=10$,$f=0.1$ 的情况下,当 α_s、$\alpha_c\in[1,5]$ 时,π^*、π^{**}、w^*、w^{**} 的比较情况如图 5 所示:

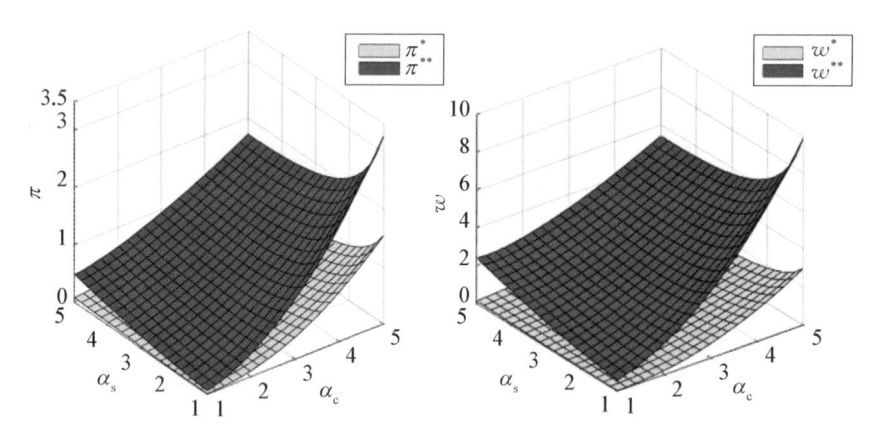

图 5 共享经济发展两阶段的利润和社会福利对比

---

① 由于 w^{**} 得出的结果比较复杂,因此仅以 λ^{**}、θ_1^{**}、θ_2^{**} 的形式代入,在后边的数值模拟中代入具体的参数。

本例中 $q=0.9$，即供给者提供的产品的差异化程度较高。在此前提下可以看出：不同发展阶段下，随着用户间交叉网络外部性强度（$α_c$、$α_s$）的增加，共享经济平台的利润和带来的社会福利也逐渐提高，这是因为两边用户之间的相互吸引的能力越强，平台的黏性越强，能给平台带来更多的利润和社会福利。此外，随着交叉网络外部性强度的增加（$α_s$、$α_c$），发展成熟阶段时共享经济平台获得的利润和带来的社会福利明显大于共享经济最初发展阶段。

通过对两个发展阶段下，共享经济平台对两边用户的均衡价格、接入规模、平台利润和社会福利的对比，我们可以得到命题 4：

命题 4： 在共享经济发展成熟阶段，平台对供给端的定价大于最初发展阶段；接入平台的两边用户的规模均大于最初发展阶段；同时，当平台上的共享资源差异化程度较高时，随着交叉网络外部性强度的增加，发展成熟阶段时共享经济平台获得的利润和带来的社会福利水平会越来越大于最初发展阶段。

可以看出，在共享经济平台上的共享资源差异化水平较高时，共享经济平台在发展成熟阶段带来的社会福利水平也更高。

第五节　案例分析

本节主要用共享经济在现实中丰富的实践佐证本章理论模型中的前提和结论。

一、共享经济平台对两边用户的定价非中性

可以看出，不管在共享经济最初发展阶段还是发展成熟阶段，共享经

济平台对两边用户的定价都是非中性的。以共享短租平台 Airbnb 为例，最初，Airbnb 是默认向房东收取 3%—5% 的固定服务费，向房客收取最高 20% 的服务费。而 2018 年，Airbnb 逐渐取消了房客的服务费，而仅对房东收取 14% 的服务费。这也说明了共享经济平台由于交叉网络外部性强度（α_s，α_c）的存在，平台会对两边用户实行不对称的定价方式。在 Airbnb 发展初期，为了有更多的房源，平台对房东收取的服务费相对较低，仅为 3%—5%，而对房客收取的服务费最高为 20%。这一阶段，房东对平台的价值相对更高，房东对房客的交叉网络外部性较强（α_c），因此平台采用非中性的定价方式，对房东收取的服务费相对较低，对房客收取的服务费相对较高。随着共享经济的不断发展，Airbnb 也不断发展壮大。2017 年，Airbnb 上的房源已经超过 400 万套，为了吸引更多的房客的接入，Airbnb 对房客的收费政策逐渐从最高 20% 的服务费向免服务费转变，而对房东收取 14% 的服务费。这也看出房客端的交叉网络外部性比较强，即 α_s 相对 α_c 较强，因此，共享短租平台 Airbnb 对房东的定价较高，而对房客的定价较低。Airbnb 通过测试，结果显示平台上房源的预订量确实有所增加，这恰恰印证了由于对交叉网络外部性强度更强的一端（房客）采取相对较低的定价策略，吸引了该端更多用户加入平台，为平台的另一端用户带来更高的效用（订单量上升）。

共享出行平台 Uber 和滴滴出行也是采用非中性的定价方式，对平台上的司机收取一定的费用，对其收入抽取一定的比例。2019 年，Uber 报告称其车费抽成比例接近 20%；另有科技媒体报道，网约出行平台 Lyft 的抽成比例接近 26%。国内来看，2018 年第四季度，滴滴出行的数据显示其在国内收取的平台服务费约为乘客实际支付车费的 19%。而这些共享出行平台对消费端（乘客）免收服务费，这也说明了共享经济平台通过对一端用户少收或者免收费用，吸引另一端用户的加入。此外，这些平台为了吸引两端用户的接入，在刚进入相应的市场时，都采取了对用户进行补贴的策略,培养用户习惯,用一端用户的接入吸引共享经济平台另一端用户的接入,充分发挥了平台用户间的交叉网络外部性作用,使平台可以有更大的用户规模,从而获得更多的收益。

表2　部分共享经济平台和出行平台对两端用户的定价

共享经济平台	平台对两端用户收取的费率	
住宿平台	房东(%)	房客(%)
Airbnb	14	0
小猪民宿	10	0
途家民宿	10	0
蚂蚁短租	10	0
出行平台	司机(%)	乘客(%)
Uber	22	0
Lyft	26	0
滴滴出行	19	0
Ola	20	0

二、闲置资源的低回报要求

2015年,滴滴出行在北京、天津、广州、深圳、成都、重庆、武汉及杭州等8个城市上线了公益性搭车服务"滴滴快车",最低价每千米不足1元,例如,在广州和杭州的里程单价只要0.99元/千米,时长费最低仅需0.2元/分,快车的计价标准比当地的出租车便宜很多;顺风车的价格更低。这也充分体现了分享平台上的闲置资源提供者对闲置资源的低回报要求。共享短租平台也存在这样的情况。Airbnb 的民宿的供应者大多是将其暂时闲置不住的房屋进行租赁的个人。根据调查显示,2015 年,在美国 Airbnb 业务最发达的 20 座城市里,从 Airbnb 租一栋完整的房子,价格差不多与在酒店订一间客房相同。Airbnb 平均每日的房租为 160.47 美元,而酒店客房的日均价格为 163.9 美元。酒店和 Airbnb 的租金在各大城市的对比如下:

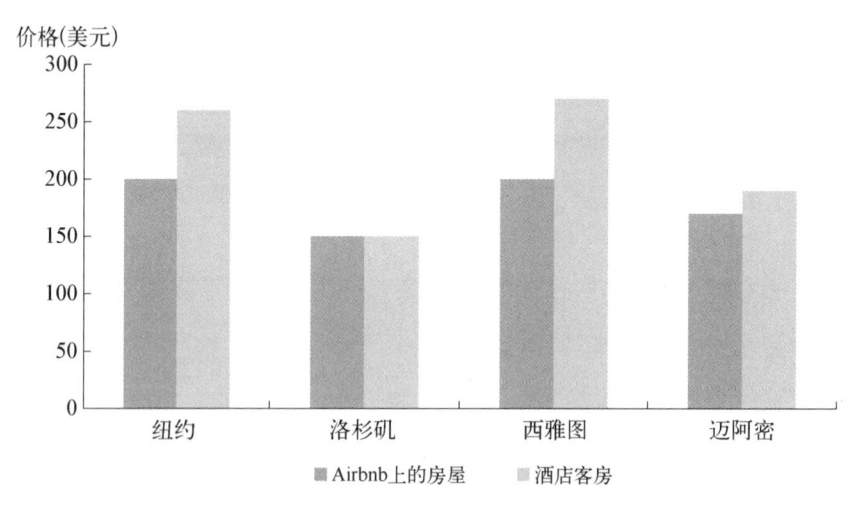

图 6　酒店客房的每日价格和 Airbnb 上房屋的租赁价格对比

资料来源:https://qz.com/。

可以看出,尤其是最初发展阶段,由于共享经济平台的闲置资源特性,供给者具有低回报的要求,所以价格也比专业平台低。

三、共享经济带来的社会福利

2018 年,Uber 雇请波士顿"经济发展集团",通过对内部数据的统计及对平台上司机和乘客的调查,撰写了一份研究报告。报告显示,Uber

网约车服务为旧金山市的生产总值贡献了16亿美元,给全美国贡献了170亿美元的GDP。加州湾区的乘客通过Uber的网约车服务获得了大约23亿美元的综合福利,其中包括了成本节省、时间节省等。在全美国,乘客获得的综合福利为176亿美元。数据表明,平台上27%的司机在接入平台之前属于失业人员。国内的共享出行平台滴滴出行2017年发布的报告中显示:滴滴平台每天直接为264万名司机提供人均超过170元的收入,解决了133万名失业人员的就业问题,其中加入平台前失业1年以上的司机占比超过12%。另外,还有137万名司机来自零就业家庭,对他们来说,滴滴平台获得的是全家的生计保障。近几年,滴滴出行陆续发布了针对退役军人和女性的报告,报告中显示截至2018年,滴滴平台上退役军人司机总量为386.3万名,占全国现有退役军人总量的6.8%,即我国每100名退役军人中,就有近7名在滴滴平台灵活就业。这部分群体在平台上的收入远高于平台平均水平,滴滴平台为21.9万名曾处于就业过渡期的退役军人提供了就业机会,同时66.9万名零就业家庭退役军人在平台上就业,是家庭主要的收入来源。平台上女性司机的就业报告中显示,滴滴平台上中国女性司机的比例正逐年上升,截至2019年,女性司机约占总数的7.4%。有11.3%的女性司机为离异状态,主要通过兼职或全职司机工作缓解生活压力。

中国旅游研究院与Airbnb联合发布的《中国分享住宿消费趋势报告2017》显示,Airbnb房客的住宿时间是传统游客的2.1倍,支出为1.8倍。可以看出共享短租平台在一定程度上节约了游客的出行成本。仅2016年使用Airbnb的中国出境游客近160万人次,增长了142%,展现出强劲的消费潜力。2019年,Airbnb发布了《Airbnb爱彼迎中国房东社区报告》,截至2019年9月15日,Airbnb房东通过共享住宿获得的总收入超5 496亿元。成为房东的动因中,有65%的房东选择为了获得额外的收入,52%的房东选择房源闲置,还有47%的房东选择热衷于做房东,

Airbnb 为其提供了平台。

通过这些案例可以看出,共享经济平台一方面为共享资源供给者提供了就业机会和可观的收入;另一方面给社会也带来了一定的收益。

本章梳理了共享经济发展的三个阶段:萌芽阶段,主要是在需求端的共享;最初发展阶段,"共享"行为存在于供需两端,供给端是闲置资源的共享;发展成熟阶段,供给端存在一部分非闲置资源的共享。

根据共享经济的不同发展阶段,分析了共享经济的特点:首先,共享经济搭载平台进行商业活动,具有双边市场的特点,平台对两边用户的定价具有非中性,平台两边用户存在交叉网络外部性特点。其次,共享经济平台上的商品或服务相对于传统专业平台还具有多样性的特点,平台上供给端提供的商品或服务不是标准划一的,差异化程度较高,比较迎合消费者不同的消费需求,能够带来不同的用户体验。最后,在共享经济发展的最初阶段,闲置资源供给者对其提供的产品具有低回报的要求,但是在共享经济发展成熟阶段,当供给者中出现一定规模的、专业的共享资源提供者时,供给者对其提供的共享资源的回报要求也出现异质性。

根据共享经济发展的不同阶段及特点,本章研究了共享经济平台在双边平台运作模式下的两个阶段的定价策略,并对共享经济在两个不同阶段的定价策略进行了对比。结合双边平台及共享经济的特征,通过建立模型,对共享经济平台对两边用户的定价策略进行分析,得出以下主要结论:

第一,共享经济最初发展阶段。共享经济平台对供给端的交易费定价受交易频率、供给者付出的交易成本、用户间的交叉网络外部性强度、闲置资源回报率及共享资源的差异化水平的影响。交易频率、供给者加入平台后付出的交易成本越高,则平台对供给端的定价越低;消费端的交叉网络外部性越强、闲置资源回报率越高,则平台对供给端的定价越高;

供给端的交叉网络外部性越强、共享资源的差异化水平越高,则平台对供给端的定价越低。平台对消费端的定价也受这些因素的影响,交易频率和交易成本同样对其产生反向的影响,其他因素对消费端的定价产生的影响与供给端相反。

共享经济平台的利润受供给者的交易成本、用户间的交叉网络外部性强度、闲置资源回报率及共享资源的差异化水平的影响。供给者接入平台后的交易成本越高,则平台的利润越低;其他影响因素均对平台利润产生正向的影响。

第二,共享经济发展成熟阶段。平台对两边用户的定价、用户接入规模及平台利润的影响因素与最初发展阶段一致,它们还受两类用户的高、低回报率比例的影响:回报比率越高,则平台对供给端的交易费定价越高,接入平台的专业供给者越多,接入的业余的供给者越少,平台对消费端的定价越低,接入规模也越高,平台获得的利润也越多。

在其他参数给定时,通过数值模拟发现,随着来自消费端的交叉网络外部性强度的增加,平台对供给端的交易费定价逐渐提高,而当供给端的交叉网络外部性强度逐渐提高时,平台对供给端的定价呈下降趋势,平台对消费端的定价也受用户间交叉网络外部性的影响,影响方向与供给端呈现相反的特征;当供给者提供的产品的差异化程度较高时,平台更倾向于对供给者收取较低的交易费,以吸引更多的消费者的接入,满足消费者不同的消费需求。

第三,共享经济发展的两阶段对比。在共享经济发展成熟阶段,平台对供给端的定价大于平台最初发展阶段;接入平台的两边用户的规模均大于最初发展阶段;同时,当平台上的共享资源差异化程度较高时,随着交叉网络外部性强度的增加,在发展成熟阶段,共享经济平台获得的利润和带来的社会福利水平会越来越大于最初发展阶段。

根据模型得出的结论,本书也提出以下建议:

首先,共享经济平台在对共享资源供给端定价时,需要充分考虑来自消费端的交叉网络外部性强度;除此之外,还应该考虑供给者类型,是低回报要求的,还是高回报要求的,以及两者数量比,对供给者的类型进行有效识别,然后对其进行最优定价。

其次,共享经济平台在对消费端定价时,也要考虑来自供给端的交叉网络外部性强度,同时还要考虑平台上的商品或服务的差异化水平,由于与对消费端的定价成正比,因此,平台在筛选平台资源时更应该保证多样性和差异化。

最后,在当前阶段,共享经济在供给端已经存在两种异质的供给者:专业供给者和业余供给者,而且专业供给者占比较大。比如共享短租平台出现了一些专业的、以短租为职业的二房东,他们拥有几套房源供出租。在存在两类异质供给者的情况下,平台获得的利润更多,且随着交叉网络外部性的增强,带来的社会福利更多。而且这种专业的供给者相比业余供给者更具有稳定性、更便于平台管理。因此,平台可以为规模化供给者提供一定的专门服务或优惠,发挥平台黏性作用,保证共享经济平台的活力和安全,吸引更多的另一边用户。

第三章 | 共享经济平台与专业平台竞争时的定价策略分析

- 第一节 共享经济平台与专业平台的区别
- 第二节 共享经济平台与专业平台的定价策略分析
- 第三节 两平台顺序进入市场时的均衡分析
- 第四节 数据模拟分析及讨论
- 第五节 案例分析

共享经济作为一种新的产业组织形式,对传统商业形式造成了一定的冲击。网约车(Uber、滴滴)的出现给传统出租车行业带来了一定的竞争,人们可以选择更多的出行方式;共享短租平台(Airbnb、小猪民宿)的出现对传统酒店住宿行业造成了一定的影响,以往研究显示共享短租平台对当地的酒店收入和酒店入住率带来了一定的负面影响。因此,共享经济平台与传统的专业平台在用户定价方面也存在一定竞争。本章通过分析共享经济平台与专业平台竞争时,两个平台对两边用户的定价策略、平台利润,及两个平台顺序进入市场时的定价策略对比等,研究共享经济在何种情况下更具有优势。

第一节　共享经济平台与专业平台的区别

一、提供的产品或服务的差异

(一)多样化程度、差异化水平不同

专业平台提供的产品或服务的专业化程度较高、多样化程度较低。以发展早期的携程或 Booking.com 为例,它们最初只是提供专业的酒店住宿服务,而酒店的住宿服务标准大体是统一的,主要分为大床房、标准间、双人间,以及豪华房等,类型较少,且装潢大多是简约的白色。出行方面,传统的出租车打车平台也只提供同一类型的出租车,整齐划一、差异化程度低。

共享经济平台提供的产品或服务的多样化程度较高。Airbnb 不同于传统的酒店住宿,有不同类型的住宿房屋,且每一套房屋都有着自己的风

格,能满足不同租住用户的需要,有树屋、城堡、冰屋、帐篷、洞穴、蒙古包等,房源大多结合当地的风土人情和建筑风格,给用户带来了不一样的体验。这种多样性能满足用户在旅途中的个性化服务需求。

共享出行平台 Uber 根据不同的价格提供不同车型。不同的车型对应不同的打车服务。滴滴出行也有不同的车型,包括顺风车、快车、专车、优享等可提供不同的打车服务,以满足不同消费者的需求。

(二) 产品或服务是否为闲置及回报率的不同

专业平台上的产品或服务大多是专业提供某种功能,比如,携程或 Booking.com 上的酒店、旅馆,本来就是为提供住宿而建的,只是通过线上平台进行发布;专业的出租车打车平台也是如此,出租车公司统一购置车辆,车辆的使用目的就是进行打车服务。所以它们的回报率要求较高,需要覆盖基本的成本,以及达到一定的收益率。

共享经济平台上的产品或服务大多为闲置资源,共享经济最初就是由闲置资源的共享逐步发展起来的。Airbnb 上的房源大多为供给端用户的闲置房屋,房东可以利用有效的资源整合的共享经济平台进行闲置资源的再利用,所以,最初共享经济平台上产品的回报率较专业平台低,而随着共享经济的发展,逐渐出现两种类型的异质供给者:专业的共享资源供给者和业余的共享资源供给者,业余的共享资源供给者提供的商品或服务仍然为闲置,具有低回报率的特点。

二、目标客户群的差异

共享经济平台与专业平台都具有双边市场的特性,服务供给端和需求端的用户。在这两端,平台的目标客户群也有着明显的不同。

(一)供给端目标客户群

专业平台供给端的目标客户主要是有一定经营规模的用户。如携程网供给端的用户主要是各大连锁酒店,包括星级酒店、经济型酒店等,虽然等级不同,但都具备一定的经营规模。

而共享经济平台供给端的目标客户主要是散户或小微用户。如Airbnb供给端的用户主要是有闲置房屋(房间)资源的个人,虽然也有部分拥有多套闲置房屋(房间)资源的客户,但与专业平台上供给端的用户相比,规模经济特点不显著。如Uber打车服务的提供者主要是利用业余时间提供服务的人,有其他固定的职业。随着共享经济的发展,平台上也有一部分专职提供打车服务的个人。

总体来说,专业平台供给端客户群以具有一定经营规模的大客户为主,而共享经济平台上的供给端客户以散户或小微规模客户为主,相比专业酒店一般不具备规模经济性。

(二)需求端目标客户群

专业平台上需求端的目标客户群是对产品或服务的个性化要求不高,以标准化或者便利为主的客户。如携程网的酒店板块靠发放会员卡吸引目标商务客户。这些商务客户主要入住星级酒店,入住时间较短,为了方便商务出行,对入住环境也没有个性化要求,以标准化为主。

共享经济平台上需求端的目标客户群主要是个性化要求较高,在使用共享经济平台提供的产品或服务时,除了基本的产品特性,还要求额外的附加功能,如更舒适或者提升用户体验等。如Airbnb上需求端的目标客户主要是以旅行住宿为主,商务出行的客户较少。为了迎合这类人群的需求,该共享经济平台上房源的装潢不再是标准的酒店风格,而是融入了当地的建筑特色或者风土人情。由于房源的供给者主要是散户或者小微用户,所以几乎做到了每套房源的风格都不同,实现了最大化的差异,将消费客户的需求进行最大化的细分,真正迎合了消费者的个性化需求;共享短租平台上的有些房源是与房东同住,这更拓宽了旅客的人际交往,对当地的风土人情有更全面的认识。另外,大部分房源可以提供厨房、洗衣机等,由于其资源闲置的特性,价格相对适中,这也方便了出行人群在节约旅行成本的同时,在异地找到家的感觉。共享打车平台 Uber 上的车辆也不只是标准化的出租车,而是分为不同的车型,既可以满足经济型出行的目标客户,又可以满足在乘坐过程中,需要乘坐更舒适、服务更周到的目标客户的需求。

因此,专业平台在需求端的目标客户群主要定位在需求标准化,以便利为主要目的的客户;而共享经济平台主要定位在需求个性化,讲究提升用户体验的客户。

第二节 共享经济平台与专业平台的定价策略分析

通过以上分析,可以看出平台两边用户存在明显的差异。在供给端,专业平台对接入的提供者有较高的专业化要求,要求其提供的交易物品更标准化,因此对于接入专业平台的供给者来说,由于接入专业平台的要求较高,初始效用相对较低;而共享经济平台对接入的提供者具有较低的专业化要求,要求交易的商品具有多样性的特点,对于接入共享经济平台的供给者来说,初始效用相对较高。因此,供给者在选择接入平台时,受到一定条件的制约,只有达到一定的专业化、标准化要求时,供给者才能加入专业平台。在消费端,接入专业平台的消费者对产品的专业化、标准化要求较高,专业化和标准化可以给消费者带来较高的初始效用;接入共享经济平台的消费者对产品的专业化要求较低,对多样性、差异化要求较高,由于提供差异化产品的是零零散散的小微用户或散户,因此,消费者在共享经济平台上得到的初始效用较低。

共享经济平台的供给端出现了小微规模的供给者。随着共享经济的发展,出现了一些专门从事共享经济业务的供给者,如短租平台中出现了拥有多套房源的房东,他们主要是租借散户的闲置房屋;共享出行平台中,不只存在利用闲暇时间提供出行服务的司机,也有专业提供出行服务的司机。对于这些小微规模的供给者,共享经济平台和专业平台也存在着竞争,以专业的酒店住宿平台和短租民宿平台为例,当小微规模的供给者变成职业出租人时,存在租借闲置房屋在共享短租平台上出租,以及租借或加盟小型酒店在专业酒店平台上出租两种方式的选择,因此,共享经济平台和专业平台在供给端也存在竞争。

一、模型的构建

(一) 模型假设

共享经济平台与专业平台竞争时的定价策略分析,主要根据 Hotelling 模型构建这两个平台的竞争模型。

在供给端:假设共享经济平台与专业平台分别在长度为 1 的区间 [0,1] 的两端,其中平台 1(共享经济平台)位于 0 点,代表标准化程度比较低;平台 2(专业平台)位于 1 点,代表标准化比较高。供给者均匀分布在区间 [0,1] 上。具体如图 1 所示。

消费端:假设消费者均匀的、对称分布在长度为 1 的区间 [−1/2, 1/2] 上,平台 2(专业平台)提供标准化的、单一的产品,位于 0 点;平台 1(共享经济平台)提供多样化的差异化产品,可以为每个消费者提供个性化的产品。具体如图 2 所示。

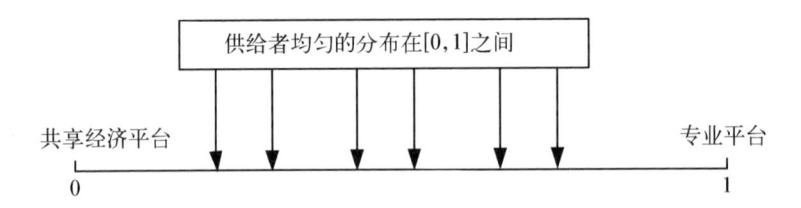

图 1 共享经济平台、专业平台及供给者的分布

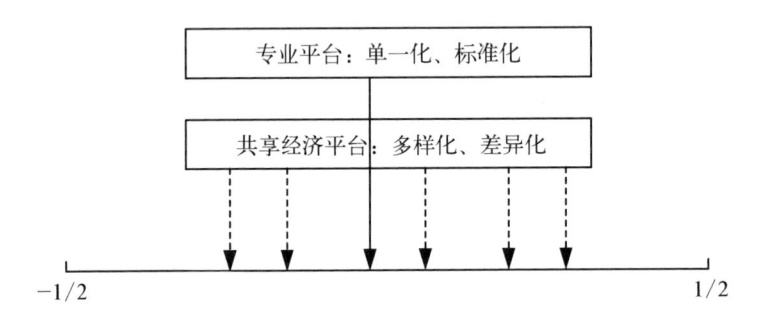

图 2 共享经济平台、专业平台及消费者的分布

(二) 平台两边用户的效用函数及利润函数

供给者加入共享经济平台(平台 1)或专业平台(平台 2)的效用函数分别为：$u_1^s = u_{1s}^0 + \alpha n_1^c - p_1^s - hx$，$u_2^s = u_{2s}^0 + \alpha n_2^c - p_2^s - h(1-x)$。其中，$u_i^s$ 代表供给者加入平台 i ($i=1,2$,下同)带来的效用，u_{is}^0 代表供给者加入平台 i 得到的初始效用，α 代表交叉网络外部性强度，[1]n_i^c 代表平台 i 的另一端消费者的数量，其中 $n_1^c + n_2^c = 1$，p_i^s 代表平台 i 向供给者收取的费用，h 代表加入平台的运输成本，可以解释为用户对于两个平台间差异的敏感程度，$h > 0$。

消费者加入共享经济平台(平台 1)或专业平台(平台 2)的效用函数为：$u_1^c = u_{1c}^0 + \alpha n_1^s - p_1^c - t_1(y)$，$u_2^c = u_{2c}^0 + \alpha n_2^s - p_2^c - t_2(y)$。其中，$u_i^c$

---

[1] 不失一般性。本章假设平台之间两边用户的交叉网络外部性强度一样,均为 α。

代表消费者加入平台 i 带来的效用，u_{ic}^0 代表消费者加入平台 i 得到的初始效用，α 代表交叉网络外部性强度，n_i^s 代表平台 i 的另一边供给者的数量，$n_1^c + n_2^c = 1$，p_i^c 代表平台 i 向消费者收取的费用，$t_i(y)$ 代表位于 y 处的消费者加入平台 i 时的偏好损失。平台 1 和 2 的利润函数为：$\pi_i = n_i^s p_i^s + n_i^c p_i^c$，$i = 1$，2。

二、基于不同视角的竞争均衡分析

从共享经济平台与专业平台对两边用户的差异出发，两个平台的竞争主要从以下视角分析。

低成本视角：在供给端，供给者加入共享经济平台的成本要低于加入专业平台的成本，因此，供给者加入共享经济平台的初始效用比加入专业平台的高一点，即 $\Delta u^s = u_{1s}^0 - u_{2s}^0 > 0$。

专业化视角：在消费端，由于专业平台的专业化、标准化程度较高，消费者加入专业平台得到的初始效用比共享经济平台高一点，即：$\Delta u^c = u_{2c}^0 - u_{1c}^0 > 0$。

多样化视角：在消费端，由于共享经济平台提供的产品具有多样化、差异化，因此，消费者在共享经济平台上总能找到适合自己的产品，故 $t_1(y) = 0$，而加入专业平台存在一定的偏好损失，故 $t_2(y) = ty$。

双边市场视角：和其他平台一样，共享经济平台和专业平台具有明显的平台特性，平台一边的用户接入规模受另一边用户规模的影响，即交叉网络外部性强度（α）的影响。

根据以上分析，当供给者加入平台 1 和平台 2 的效用相等时，存在无差异点，即 $u_1^s = u_2^s$：$u_{1s}^0 + \alpha n_1^c - p_1^s - hx = u_{2s}^0 + \alpha n_2^c - p_2^s - h(1-x)$，则无差异点：$x = \dfrac{1}{2} + \dfrac{\Delta u^s + \alpha(n_1^c - n_2^c) + p_2^s - p_1^s}{2h}$。因此可以得出：

$$n_1^s = x = \frac{1}{2} + \frac{\Delta u^s + \alpha(n_1^c - n_2^c) + p_2^s - p_1^s}{2h}, \quad n_2^s = 1 - x = \frac{1}{2} - \frac{\Delta u^s + \alpha(n_1^c - n_2^c) + p_2^s - p_1^s}{2h}$$

。同样的方法,在消费端,也存在着加入平台 1 或者平台 2 的无差异点,使 $u_1^c = u_2^c$,即 $u_{1c}^0 + \alpha n_1^s - p_1^c = u_{2c}^0 + \alpha n_2^s - p_2^c - ty$,则无差异点为:$y = \frac{\Delta u^c + \alpha(n_2^s - n_1^s) + p_1^c - p_2^c}{t}$。

因此,

$$n_1^c = 1 - 2y = 1 - 2\frac{\Delta u^c + \alpha(n_2^s - n_1^s) + p_1^c - p_2^c}{t},$$

$$n_2^c = 2y = 2\frac{\Delta u^c + \alpha(n_2^s - n_1^s) + p_1^c - p_2^c}{t}$$

联立方程 n_1^s、n_2^s、n_1^c、n_2^c,可以得到供给者和消费者分别加入平台 1 和平台 2 的规模:

$$n_1^s = \frac{t(h - p_1^s + p_2^s + \Delta u^s) + \alpha[4(p_2^c - p_1^c) + t - 4\Delta u^c] - 4\alpha^2}{2ht - 8\alpha^2} \tag{3.1}$$

$$n_2^s = \frac{1}{2} + \frac{t(p_1^s - p_2^s - \Delta u^s) + \alpha[4(p_1^c - p_2^c) - t + 4\Delta u^c]}{2ht - 8\alpha^2} \tag{3.2}$$

$$n_1^c = \frac{h(2p_2^c - 2p_1^c + t - 2\Delta u^c) + 2\alpha(p_2^s - p_1^s + \Delta u^s - \alpha)}{ht - 4\alpha^2} \tag{3.3}$$

$$n_2^c = \frac{2[h(p_1^c - p_2^c + \Delta u^c) + \alpha(p_1^s - p_2^s + \Delta u^s - \alpha)]}{ht - 4\alpha^2} \tag{3.4}$$

(一) 两边用户的最优定价

平台 1 和平台 2 的利润函数为:$\pi_i = n_i^s p_i^s + n_i^c p_i^c$, $i = 1, 2$。平台利

润最大化的二阶条件为：$ht-4\alpha^2>0$，一阶条件为：$\dfrac{\partial \pi_i}{\partial p_i^s}=\dfrac{\partial \pi_i}{\partial p_i^c}=0$，则均衡时平台对两边用户的最优定价为：

$$p_1^s=\frac{t(h+p_2^s+\Delta u^s)-\alpha(8p_1^c-4p_2^c-t+4\Delta u^c+4\alpha)}{2t} \quad (3.5)$$

$$p_2^s=\frac{t(h+p_1^s-\Delta u^s)-\alpha(8p_2^c-4p_1^c+t-4\Delta u^c+4\alpha)}{2t} \quad (3.6)$$

$$p_1^c=\frac{h(2p_2^c+t-2\Delta u^c)+2\alpha(p_2^s-2p_1^s+\Delta u^s-\alpha)}{4h} \quad (3.7)$$

$$p_2^c=\frac{h(p_1^c+\Delta u^c)+\alpha(p_1^s-2p_2^s-\Delta u^s-\alpha)}{2h} \quad (3.8)$$

联立(3.5)—(3.8)，可以解出当两个平台利润最大化时，对两边用户的最优定价：$p_1^{s*}=h-\alpha+\dfrac{\Delta u^s}{3}$、$p_2^{s*}=h-\alpha-\dfrac{\Delta u^s}{3}$、$p_1^{c*}=\dfrac{t}{3}-\alpha-\dfrac{\Delta u^c}{3}$、$p_2^{c*}=\dfrac{t}{6}-\alpha+\dfrac{\Delta u^c}{3}$。可以得出命题1、2：

命题1：共享经济平台和专业平台对供给端的定价受三种因素的影响：供给者对平台间差异的敏感程度、交叉网络外部性强度及供给者加入两个平台的初始效用差异。

具体来看，供给者对平台间差异的敏感程度对平台对供给端的定价均产生正向的影响。供给端对平台间差异的敏感程度越高，则两个平台对供给端的定价越高；平台两边用户的交叉网络外部性强度对两个平台对供给端的定价产生负向影响。平台两边用户的交叉网络外部性强度越大，则两个平台对供给端的定价越低；供给者加入两个平台的初始效用差异越大，即加入共享经济平台的初始效用越高，则共享经济平台对供给端的定价越高,加入专业平台的初始效用越低,则专业平台对供给者端的定价越低。

命题2:共享经济平台和专业平台对消费端的定价同样受三种因素的影响:消费者多样化需求程度、交叉网络外部性强度及消费者加入两个平台的初始价值差异。

具体来看,消费者的多样化需求程度对两个平台对消费端的定价产生正向影响,共享经济平台对消费者的定价受消费者多样化需求的影响程度更高一点;平台两边用户的交叉网络外部性强度对两个平台对消费者的定价产生负向影响,交叉网络外部性强度越大,则两个平台对消费端的定价均越小;消费者加入两个平台的初始效用差异越大,即加入专业平台给消费者带来的初始效用越大,则共享经济平台对消费者的定价越低;加入共享经济平台给消费者带来的初始效用越低,则专业平台对消费者的定价越高。

(二) 两边用户最优接入规模

将共享经济平台和专业平台对两边用户的最优定价代入方程(3.1)—(3.4),解出接入两个平台的最优用户规模:

$$n_1^{s*} = \frac{3ht + t(\Delta u^s + \alpha) - 4\alpha(\Delta u^c + 3\alpha)}{6(ht - 4\alpha^2)} = \frac{1}{2} + \frac{t(\Delta u^s + \alpha) - 4\alpha\Delta u^c}{6(ht - 4\alpha^2)},$$

$$n_2^{s*} = \frac{3ht - t(\Delta u^s + \alpha) + 4\alpha(\Delta u^c - 3\alpha)}{6(ht - 4\alpha^2)} = \frac{1}{2} - \frac{t(\Delta u^s + \alpha) - 4\alpha\Delta u^c}{6(ht - 4\alpha^2)},$$

$$n_1^{c*} = \frac{2[h(t - \Delta u^c) + \alpha(\Delta u^s - 3\alpha)]}{3(ht - 4\alpha^2)} = \frac{2}{3} - \frac{2}{3}\frac{h\Delta u^c - \alpha(\Delta u^s + \alpha)}{(ht - 4\alpha^2)},$$

$$n_2^{c*} = \frac{[h(t + 2\Delta u^c) - 2\alpha(\Delta u^s + 3\alpha)]}{3(ht - 4\alpha^2)} = \frac{1}{3} + \frac{2}{3}\frac{h\Delta u^c - \alpha(\Delta u^s + \alpha)}{(ht - 4\alpha^2)}。$$

从两边用户接入平台的最优规模可以看出:影响接入两个平台的供

给者规模的因素相同,且呈相反的影响方向。具体来看,接入两个平台的供给者的初始效用差异越大,则接入共享经济平台的供给者的规模越大,接入专业平台的供给者规模越小;接入两个平台的消费者的初始效用差异越大,则接入共享经济平台的供给者规模越小,接入专业平台的供给者规模越大;两个平台在供给端的差异化程度越高,则接入共享经济平台的供给者规模越小,接入专业平台的供给者规模越大;来自消费端的多样化需求及交叉网络外部性强度对两边用户接入平台的规模的影响受到各因素的相互影响。

影响接入两个平台的消费者规模的因素也相同,同样呈相反的影响方向。具体来看,接入两个平台的供给者的初始效用差异越大,则接入共享经济平台的消费者规模越大,接入专业平台的消费者规模越小;接入两个平台的消费者的初始效用差异越大,则接入共享经济平台的消费者的规模越小,接入专业平台的供给者的规模越大;来自消费端的多样化要求越高,则接入共享经济平台的消费者规模越多,接入专业平台的消费者规模越小;两个平台对于供给者端对平台间差异的敏感程度与交叉网络外部性强度对两边用户接入平台的规模的影响同样受到各因素的相互影响。因此,可以得到命题3。

命题3:接入共享经济平台的两边用户的规模与供给端接入两个平台的初始价值差异成正比,与消费端接入两个平台的初始差异成反比;当供给者对两个平台的差异程度更敏感时,则接入共享经济平台的供给者规模越小,接入专业平台的供给者规模越大;对消费者来说,多样化需求越高,则接入共享经济平台的消费者规模越大,接入专业平台的消费者规模越小。

另外,两个平台在两边用户接入规模上存在着竞争。当 $t(\Delta u^s + \alpha) - 4\alpha\Delta u^c = 0$ 时,即当 $\Delta u^s + \alpha = \dfrac{4\alpha\Delta u^c}{t}$ 时,则供给者分别接入两个平台的

规模相等,即 $n_1^{s*} = n_2^{s*} = \frac{1}{2}$,则 $n_1^{c*} = \frac{2}{3} - \frac{2}{3}\frac{\Delta u^c}{t}$、$n_2^{c*} = \frac{1}{3} + \frac{2}{3}\frac{\Delta u^c}{t}$,令 $\frac{\Delta u^c}{t}$ 为消费端加入平台的相对初始价值差异,因为 $\Delta u^c > 0$,则 $n_1^{c*} < \frac{2}{3}$、$n_2^{c*} > \frac{1}{3}$,且消费者接入共享经济平台的规模随着消费者加入两个平台的相对初始价值差异的增加而减少,消费者接入专业平台的规模随着消费者加入两个平台的相对初始价值差异的增加而增加。

当 $\Delta u^s + \alpha = \frac{h\Delta u^c}{\alpha}$ 时,$n_1^{c*} = \frac{2}{3}$、$n_2^{c*} = \frac{1}{3}$,则 $n_1^{s*} = \frac{1}{2} + \frac{1}{6}\frac{\Delta u^c}{\alpha} > \frac{1}{2}$、$n_2^{s*} = \frac{1}{2} - \frac{1}{6}\frac{\Delta u^c}{\alpha} < \frac{1}{2}$。消费者加入两个平台的初始价值差异与交叉网络外部性弹性之比越大 $\left(\frac{\Delta u^c}{\alpha}\right)$,则加入共享经济平台的供给者规模越大,加入专业平台的供给者规模越小。

(三) 两个平台的最大利润

将两个平台对两边用户的最优定价和接入两个平台的两边用户的最优规模代入两个平台的利润函数,则有:

$$\pi_1^* = \frac{9h^2t + (\Delta u^s - 3\alpha)[-8\alpha(\Delta u^c + 3\alpha) + t(\Delta u^s + 5\alpha)]}{18(ht - 4\alpha^2)}$$

$$+ \frac{2h[2t^2 + t(3\Delta u^s - 4\Delta u^c - 9\alpha) + 2(\Delta u^{c2} - 9\alpha^2)]}{18(ht - 4\alpha^2)}、$$

$$\pi_2^* = \frac{9h^2t + (\Delta u^s + 3\alpha)[8\alpha(3\alpha - \Delta u^c) + t(\Delta u^s - \alpha)]}{18(ht - 4\alpha^2)}$$

$$+ \frac{h[t^2 - 2t(3\Delta u^s - 2\Delta u^c + 9\alpha) + 4(\Delta u^{c2} - 9\alpha^2)]}{18(ht - 4\alpha^2)}。$$

两个平台的利润之差为：

$$\pi_1^* - \pi_2^* = \frac{1}{6}(t + 4\Delta u^s - 4\Delta u^c) = \frac{t}{6} + \frac{2}{3}(\Delta u^s - \Delta u^c) \quad (3.9)$$

根据(3.9)我们可以得到命题4：

命题4：共享经济平台与专业平台的利润差异受消费者的多样化需求、供给者接入两个平台的初始价值差异及消费者接入两个平台的初始价值差异的影响：消费者的多样化需求越高，则共享经济平台的利润越高于专业平台；供给端接入两个平台的初始价值差异越大，则共享经济平台的利润越高于专业平台；消费端接入两个平台的初始价值差异越小，则共享经济平台的利润越高于专业平台。

具体来看，由于共享经济平台上的产品或服务有多样性，消费者的多样化需求(t)如果越高，共享经济平台正好能够迎合这一需求，因此，有更多的消费者的接入，共享经济平台可以获得更多的利润；如果供给者接入共享平台的初始价值(u_{1s}^0)越大，或者接入专业平台的初始价值(u_{2s}^0)越小，则供给者越愿意接入共享经济平台，因此，共享经济平台获得的利润高于专业平台；如果消费者接入专业平台的初始价值(u_{2c}^0)越小，或者加入共享经济平台的初始价值(u_{2c}^0)越大，则消费者越愿意加入共享经济平台，因此，共享经济平台获得的利润越高于专业平台。

当$\pi_1^* = \pi_2^*$时，则有$\dfrac{\Delta u^c}{t} - \dfrac{\Delta u^s}{t} = \dfrac{1}{4}$，令$\dfrac{\Delta u^c}{t}$为消费者加入两个平台得到的相对初始价值差异，$\dfrac{\Delta u^s}{t}$为供给者加入两个平台得到的初始价值差异，$\hat{u} = \dfrac{\Delta u^c}{t} - \dfrac{\Delta u^s}{t}$为专业平台的相对综合优势。当$\hat{u} < \dfrac{1}{4}$时，$\pi_1^* > \pi_2^*$；当$\hat{u} > \dfrac{1}{4}$时，$\pi_1^* < \pi_2^*$。

当专业平台的相对综合优势较弱 $\left(\hat{u}<\dfrac{1}{4}\right)$ 时,共享经济平台的利润大于专业平台的利润,共享经济平台获得更多的利润;当专业平台的相对综合优势较强 $\left(\hat{u}>\dfrac{1}{4}\right)$ 时,专业平台的利润大于共享经济平台,专业平台可以获得更多的利润。

第三节 两平台顺序进入市场时的均衡分析

一、专业平台率先进入,共享经济平台后续进入

共享经济平台与专业平台还存在顺序进入市场的问题。当共享经济平台后续进入市场时,采用逆序归纳法,根据价格领导模型,专业平台和共享经济平台进行三阶段博弈:第一阶段,专业平台对两边用户先行制定均衡定价;第二阶段,共享经济平台进入该市场,根据专业平台的定价,对共享经济平台两边用户进行最优定价;第三阶段,根据最优定价,得出接入平台的最优用户数量和平台利润。采用逆序归纳法,先求解共享经济平台对两边用户的最优定价:$\dfrac{\partial \pi_1}{\partial p_1^s} = \dfrac{\partial \pi_1}{\partial p_1^c} = 0$,得到共享经济平台对两边用户的最优定价:

$$p_1^s = \frac{ht - tp_2^s + t\Delta u^s - 8\alpha p_1^c + 4\alpha p_2^c + t\alpha - 4\alpha \Delta u^c - 4\alpha^2}{2t}、$$

$$p_1^c = \frac{h(2p_2^c + t - 2\Delta u^c) + 2\alpha(p_2^s - 2p_1^s + \Delta u^s - \alpha)}{4h}。$$

将 p_1^s、p_1^c 代入专业平台利润函数,进而求解专业平台对两边用户最优定

价时的条件：$\dfrac{\partial \pi_2}{\partial p_2^s} = \dfrac{\partial \pi_2}{\partial p_2^c} = 0$，得到专业平台对两边用户的最优定价：

$$p_2^s = \frac{3h^2 t - 4\alpha^2(2p_1^s - \Delta u^s + \alpha) - h[t(\Delta u^s - \alpha) + 4\alpha(2p_1^c + 3\alpha)]}{2(ht - 4\alpha^2)}、$$

$$p_2^c = \frac{ht[t + 2(\Delta u^c + \alpha)] - 4\alpha t p_1^s - 4\alpha^2[4p_1^c + t + 2(\Delta u^c + \alpha)]}{4(ht - 4\alpha^2)}。$$

联立 p_1^s、p_1^c、p_2^s、p_2^c，得出共享经济平台后续进入情形下的均衡价格：

$$p_1^{s**} = \frac{ht(5h + \Delta u^s) + 2h\alpha(\Delta u^c - 2t) - 2\alpha^2(4h + \Delta u^s) + 2\alpha^3}{4(ht - \alpha^2)}、$$

$$p_1^{c**} = \frac{ht(3t - 2\Delta u^c - 7\alpha) + \alpha[4\alpha(\Delta u^c + \alpha) - t(\Delta u^s + 5\alpha)]}{8(ht - \alpha^2)}、$$

$$p_2^{s**} = \frac{h[3ht + 2\alpha(\Delta u^c - 3\alpha) - t(\Delta u^s + 2\alpha)]}{2(ht - \alpha^2)}、$$

$$p_2^{c**} = \frac{t[h(t + 2\Delta u^c - 3\alpha) - \alpha(\Delta u^s + 3\alpha)]}{4(ht - \alpha^2)}。$$

将共享经济平台和专业平台对两边用户的最优定价代入 n_1^s、n_1^c、n_2^s、n_2^c，则均衡时接入两个平台的最优用户规模为：

$$n_1^{s**} = \frac{5ht - 2\alpha(\Delta u^c + \alpha) + t(\Delta u^s + 2\alpha)}{8(ht - \alpha^2)}、$$

$$n_1^{c**} = \frac{(\Delta u^s - \alpha)\alpha + h(3t - 2\Delta u^c + 3\alpha)}{4(ht - \alpha^2)}、$$

$$n_2^{s**} = \frac{3}{4} - \frac{3ht - 2\alpha\Delta u^c + t(\Delta u^s + 2\alpha)}{ht - \alpha^2}、$$

$$n_2^{c**} = \frac{h(t - 2\Delta u^c - 3\alpha) - \alpha(\Delta u^s + 3\alpha)}{4(ht - \alpha^2)}。$$

可以很明显看出,由于存在约束条件:$(ht-4\alpha^2)>0$,因此:

$$\frac{\partial p_1^{s**}}{\partial \Delta u^s} = \frac{ht-2\alpha^2}{4(ht-\alpha^2)}>0, \quad \frac{\partial p_1^{s**}}{\partial \Delta u^c} = \frac{h\alpha}{2(ht-\alpha^2)}>0;$$

$$\frac{\partial p_1^{c**}}{\partial \Delta u^s} = \frac{t\alpha}{8(\alpha^2-ht)}<0, \quad \frac{\partial p_1^{c**}}{\partial \Delta u^c} = \frac{2\alpha^2-ht}{4(ht-\alpha^2)}<0;$$

$$\frac{\partial p_2^{s**}}{\partial \Delta u^s} = \frac{ht}{2(\alpha^2-ht)}<0, \quad \frac{\partial p_2^{s**}}{\partial \Delta u^c} = \frac{ht}{(ht-\alpha^2)}>0;$$

$$\frac{\partial p_2^{c**}}{\partial \Delta u^s} = \frac{t\alpha}{4(\alpha^2-ht)}<0, \quad \frac{\partial p_2^{c**}}{\partial \Delta u^c} = 2\frac{ht}{(ht-\alpha^2)}>0。$$

所以,当共享经济平台后续进入市场时,共享经济平台对供给端的定价与两边用户加入平台的初始价值差异成正比,对消费端的定价与两边用户加入平台的初始价值差异成反比。即供给者加入共享经济平台的初始价值越大,共享经济平台对供给端的定价越高,对消费端的定价越低;消费者加入共享经济平台的初始价值越小,共享经济平台对供给端的定价越高,对消费端的定价越低。这也充分体现了平台定价的非中性。带来初始价值高的一端,平台更会收取较高的费用。专业平台对两边用户的定价均与消费者加入平台的初始价值差异成正比(Δu^c),与供给者加入平台的初始价值差异成反比(Δu^s)。

二、共享经济平台率先进入,专业平台后续进入

假设共享经济平台先行进入市场,专业平台后续进入,根据同样的方法,采用逆序归纳法,$\frac{\partial \pi_2}{\partial p_2^s} = \frac{\partial \pi_2}{\partial p_2^c} = 0$,得到专业平台对两边用户的最优定价:

$$p_2^s = \frac{ht + t(p_1^s - t\Delta u^s + 4\alpha p_1^c - 8\alpha p_2^c - t\alpha + 4\alpha\Delta u^c - 4\alpha^2)}{2t},$$

$$p_2^c = \frac{h(p_1^c + \Delta u^c) + \alpha(p_1^s - 2p_2^s - \Delta u^s - \alpha)}{2h}。$$

将 p_2^s、p_2^c 代入共享经济平台利润函数，进而求解共享经济平台对两边用户最优定价：

$$p_1^s = \frac{3h^2 t - 4\alpha^2 (2p_2^s + \Delta u^s + \alpha) + h[t(\Delta u^s + \alpha) - 4\alpha(2p_2^c + 3\alpha)]}{2ht - 8\alpha^2},$$

$$p_1^c = \frac{ht(t - \Delta u^c + \alpha) - 2\alpha[tp_2^s + 2\alpha(2p_2^c + t - \Delta u^c + \alpha)]}{2ht - 8\alpha^2}。$$

将 p_1^s、p_1^c、p_2^s、p_2^c 联立求解，得出专业平台后续进入情形下的均衡价格：

$$p_1^{s***} = \frac{h[3ht + t(\Delta u^s - \alpha) - 2\alpha(\Delta u^c + 3\alpha)]}{2(ht - \alpha^2)},$$

$$p_1^{c***} = \frac{t[h(2t - 2\Delta u^c - 3\alpha) + \alpha(\Delta u^s - 3\alpha)]}{4(ht - \alpha^2)},$$

$$p_2^{s***} = \frac{5h^2 t + 2\alpha^2(\Delta u^s + \alpha) - h[t(\Delta u^s + 3\alpha) + 2\alpha(\Delta u^c + 4\alpha)]}{4(ht - \alpha^2)},$$

$$p_2^{c***} = \frac{ht[2(t + \Delta u^c) - 7\alpha] + \alpha[t(\Delta u^s - 3\alpha) + 4\alpha(\alpha - \Delta u^c)]}{8(ht - \alpha^2)}。$$

将共享经济平台和专业平台对两边用户的最优定价代入 n_1^s、n_1^c、n_2^s、n_2^c，则共享经济平台率先进入、专业平台后续进入市场时的最优用户接入规模为：

$$n_1^{s***} = \frac{3ht + t(\Delta u^s - \alpha) - 2\alpha(\Delta u^c + 3\alpha)}{8(ht - \alpha^2)},$$

$$n_1^{c***} = \frac{3}{4} - \frac{h(t + 2\Delta u^c + 3\alpha) - \alpha\Delta u^s}{4(ht - \alpha^2)},$$

$$n_2^{s***} = \frac{5ht + 2\alpha(\Delta u^c - \alpha) - t(\Delta u^s - \alpha)}{8(ht - \alpha^2)},$$

$$n_2^{c***} = \frac{h2t + 2\Delta u^c + 3\alpha - \alpha(\Delta u^s + \alpha)}{4(ht - \alpha^2)}。$$

同样,由于约束条件$(ht - 4\alpha^2) > 0$,所以将两边平台对两边用户的均衡定价对Δu^s、Δu^c求偏导,可以看出均衡定价受初始价值差异的影响程度为:

$$\frac{\partial p_1^{s***}}{\partial \Delta u^s} = \frac{ht}{2(ht - \alpha^2)} > 0, \quad \frac{\partial p_1^{s***}}{\partial \Delta u^c} = -\frac{h\alpha}{ht - \alpha^2} < 0,$$

$$\frac{\partial p_1^{c***}}{\partial \Delta u^s} = \frac{t\alpha}{4(ht - \alpha^2)} > 0, \quad \frac{\partial p_1^{c***}}{\partial \Delta u^c} = -\frac{ht}{2(ht - \alpha^2)} < 0,$$

$$\frac{\partial p_2^{s***}}{\partial \Delta u^s} = -\frac{ht - 2\alpha^2}{4(ht - \alpha^2)} < 0, \quad \frac{\partial p_2^{s***}}{\partial \Delta u^c} = -\frac{h\alpha}{2(ht - \alpha^2)} < 0,$$

$$\frac{\partial p_2^{c**}}{\partial \Delta u^s} = \frac{t\alpha}{8(ht - \alpha^2)} > 0, \quad \frac{\partial p_2^{c**}}{\partial \Delta u^c} = \frac{ht - 2\alpha^2}{4(ht - \alpha^2)} > 0。$$

因此,在共享经济平台率先进入市场时,供给者加入两个平台的初始价值差异越大:供给者加入专业平台的初始价值相对越大或者加入共享经济平台的初始价值相对越小,则共享经济平台对供给端的定价越高。专业平台后续进入市场时,专业平台对供给端用户的定价与两端用户加入平台的初始价值差异成反比,对消费端的定价与两端用户加入平台的初始价值差异成正比。因为,专业平台后续进入市场,供给者加入专业平台的初始价值越大,专业平台为吸引更多供给者的接入,则采取较低的定价来吸引供给者,通过对消费端采取较高的定价来补偿;基于同样的道理,消费端加入专业平台的初始价值越大,则专业平台对消费端的定价越高,对供给端的定价越低。

第四节　数据模拟分析及讨论

本书通过构建模型,从低成本、多样化、专业化和双边市场等多个视角、多方面,考虑了当共享经济平台与专业平台同时、顺序进入某一特定市场时,均衡状态下平台对两边用户对的最优定价及平台所获得的利润情况。可以发现,两边用户加入不同平台的初始价值差异(Δu^s、Δu^c)、交叉网络外部性强度(α)及供给端对平台间差异的敏感程度(h)、消费端对平台上产品或服务的多样化需求(t)对均衡时的定价利润有重要影响。为了直观地表现模型中的参数对不同进入状态的影响,本节使用 Matlab 对前述模型进行数值仿真,更直观地分析不同视角对共享经济平台与专业平台对两边用户的最优定价和两个平台利润的影响。参数取值不仅参考了相关文献,而且不失一般性,参数的取值将满足 $ht-4\alpha^2>0$ 等约束条件。

一、Δu^s、Δu^c 对均衡定价和利润的影响

参数取值如下:$h=8$,$t=4$,$\alpha=2$,Δu^s、$\Delta u^c \in [0,4]$。通过数值模拟,可以得到不同进入顺序下平台对两边用户的最优定价的对比情况,具体如图 3 所示。

可以看出,相比专业平台与共享经济平台同时进入市场,当两个平台顺序进入市场时,两个平台对两边用户的定价都相对较高,且对两边用户的定价不对称,对供给端的定价较高,对消费端的定价较低。

当两边用户加入两个平台的初始价值差异不断增大时,与率先进入市场相比,共享经济平台后续进入时,共享经济平台对两边用户的定价先低于率先进入市场时的定价,而后随着初始价值差异的增加,共享经济平台对两边用户的定价逐渐超过率先进入市场时。

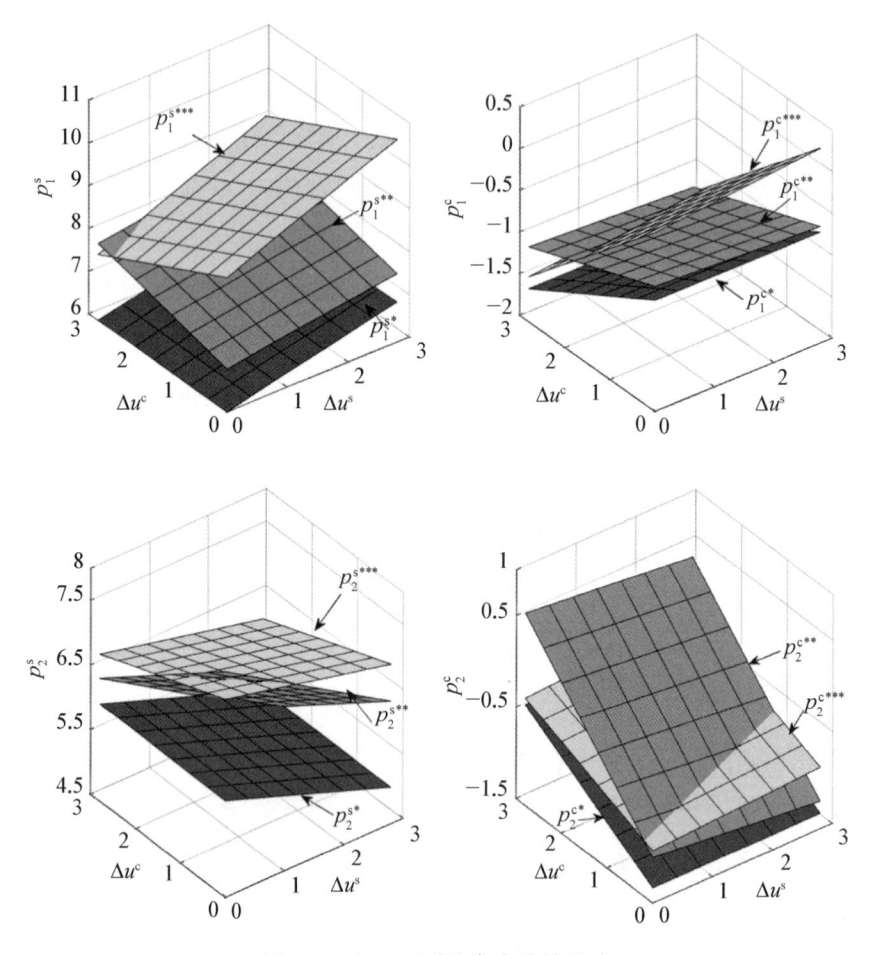

图 3 Δu^s、Δu^c 对均衡定价的影响

随着两边用户加入两个平台的初始价值差异不断增大,当共享经济平台后续进入市场时,专业平台对供给端的定价较低;当共享经济平台率先进入时,专业平台对消费端的定价较低。

从平台利润水平来看(见图 4),两个平台的利润都随着两边用户加入平台的初始价值差异的增加而增加,共享经济平台的利润随着供给端价值差异的变大而增长的程度越明显,专业平台的利润随着来自消费端的价值差异的变大而增长幅度越大。从两个平台不同的进入顺序来看，共享经济平台后续进入时，共享经济平台可以获得更高的利润，具有明显的后动优势，而在共享经济平台率先进入市场时，专业平台后续进入可以获得更高的利润水平。

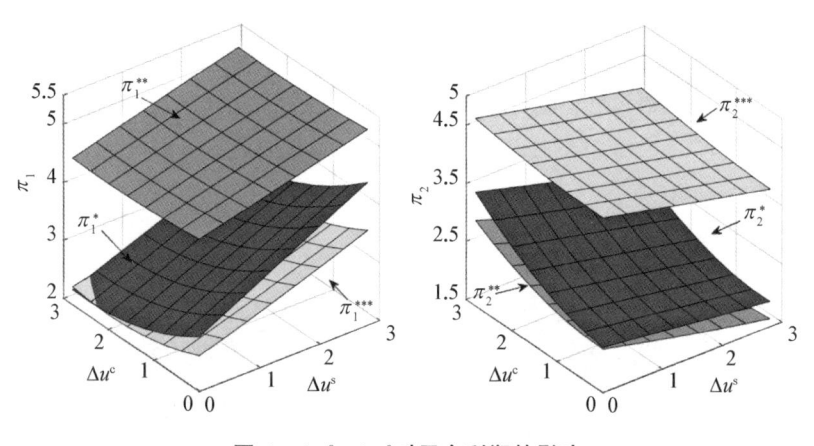

图 4　Δu^s、Δu^c 对平台利润的影响

根据以上分析，可以得到命题 5。

命题 5：随着两边用户加入两个平台的初始价值差异的增大，两个平台顺序进入时，平台对两边用户的定价要高于同时进入市场时，共享经济平台后续进入市场时，共享经济平台获得的利润水平最高，当共享经济平台率先进入市场时，共享经济平台获得的利润水平最低，专业平台获得的利润水平最高。在此情况下，共享经济平台具有后动优势，可以获得较高的利润。

二、h、t 对均衡定价和利润的影响

参数取值如下：$\Delta u^s = 2$，$\Delta u^c = 2$，$\alpha = 2$，h、$t \in [4, 8]$。通过数值模拟，可以得到这两个因素对不同的平台竞争均衡比较，如图 5 所示。

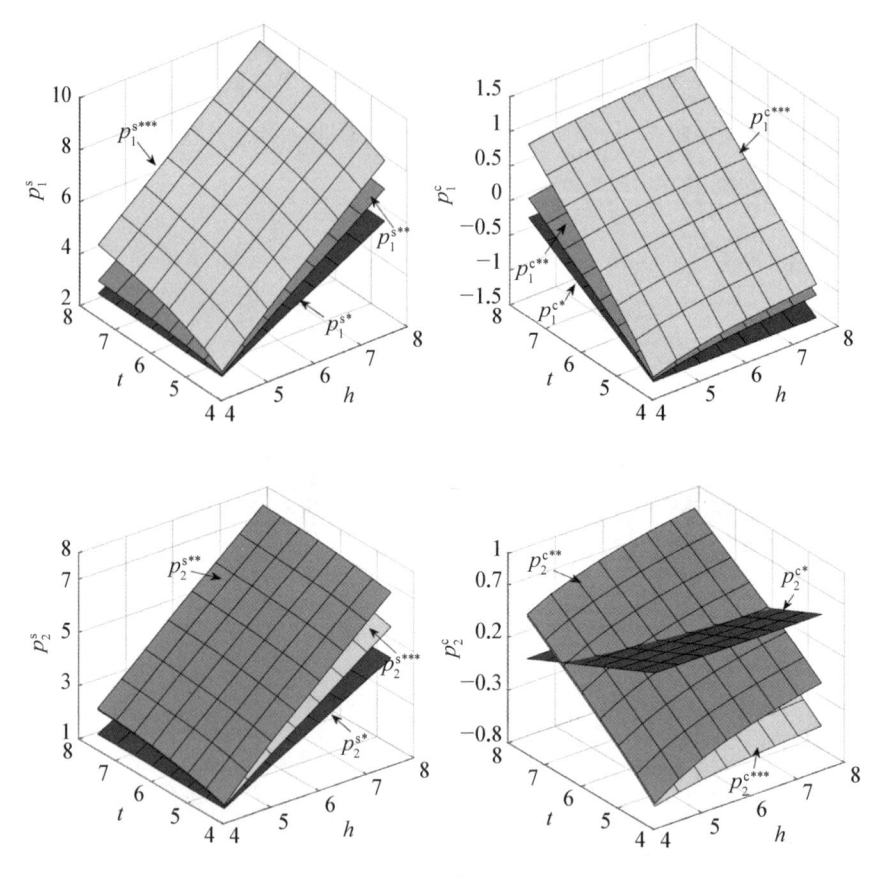

图 5　h、t 对均衡定价的影响

可以看出,共享经济平台对两边用户的定价与供给端对平台间差异的敏感程度、消费端的多样化需求程度成正比,共享经济平台对供给端的定价受供给端对平台间差异的敏感程度的影响更明显,而对消费端的定价受消费端的多样化需求程度的影响更明显;专业平台对两边用户的定价,除了同时进入市场时,专业平台对消费端的定价与供给端对平台间差异的敏感程度、消费端的多样化需求成反比以外,其他进入状态下,对两边用户的定价同共享经济平台呈现相同的趋势。

从平台不同进入顺序来看,当两个平台顺序进入时,平台对两边用户的定价高于同时进入时的状态,而且当共享经济平台后续进入时,共享经济平台对两边用户的定价均低于率先进入时的定价;而共享经济平台率先进入时,专业平台对两边用户的定价均低于共享经济平台后续进入时的定价;同样可以看出,共享经济平台后续进入时,在定价方面具有相对优势。

从平台利润对比来看(见图6),随着供给端对平台间差异的敏感程度及消费端对平台多样化需求的增加,两个平台的利润在不同的进入状态下都逐渐增加;从两个平台不同的进入状态来看,共享经济平台后续进入市场时,相比其他的进入市场情形,共享经济平台可以获得更高的利润,共享经济平台率先进入市场时,得到的利润相对最低,但随着这两个参数的增加,获得的利润逐渐超过同时进入市场的情形;专业平台的利润水平在共享经济平台率先进入市场时最大,在共享经济平台后续进入市场时最小。

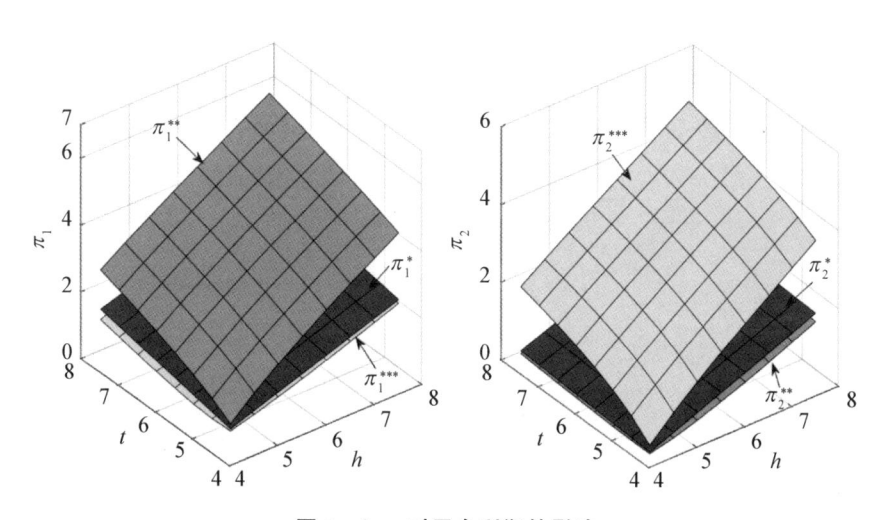

图6 h、t 对平台利润的影响

通过分析供给端对平台差异的敏感程度，以及消费者多样化需求程度的变化，得到命题6：

命题6：随着供给端对平台间差异的敏感程度、消费端的多样化需求的增加，共享经济平台后续进入市场时，共享经济平台对两边用户的定价低于率先进入市场时，共享经济平台率先进入市场时，专业平台对两边用户的定价低于共享经济平台后续进入市场时；当共享经济平台后续进入市场时，共享经济平台可以获得更高的利润水平，因此，共享经济平台在定价和利润水平上更具有后动优势，共享经济平台后续进入市场时共享经济平台的定价较低，获得的利润也较高。

三、α 对均衡定价和平台利润的影响

参数取值如下：$\Delta u^s = 2$，$\Delta u^c = 2$，$h = 8$，$t = 4$，$\alpha \in [0, 2]$。通过数值模拟，得到两个平台对两边用户的均衡定价比较，如图7所示。

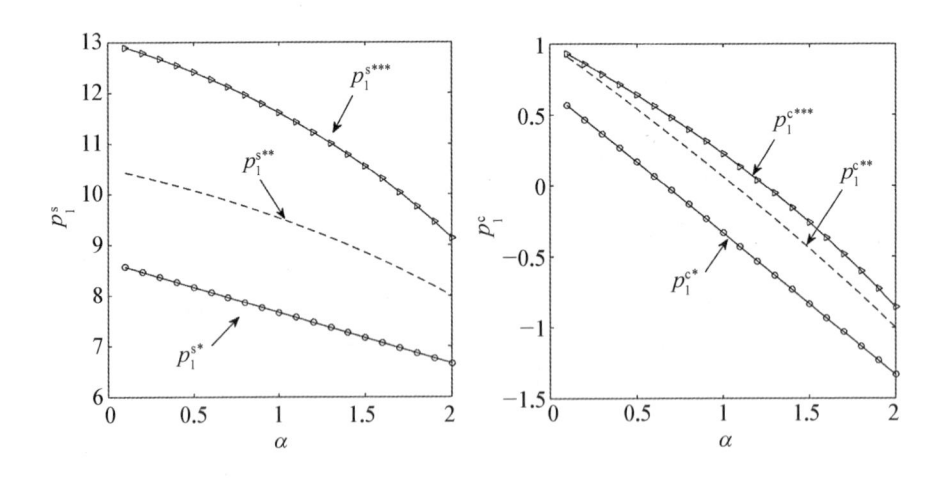

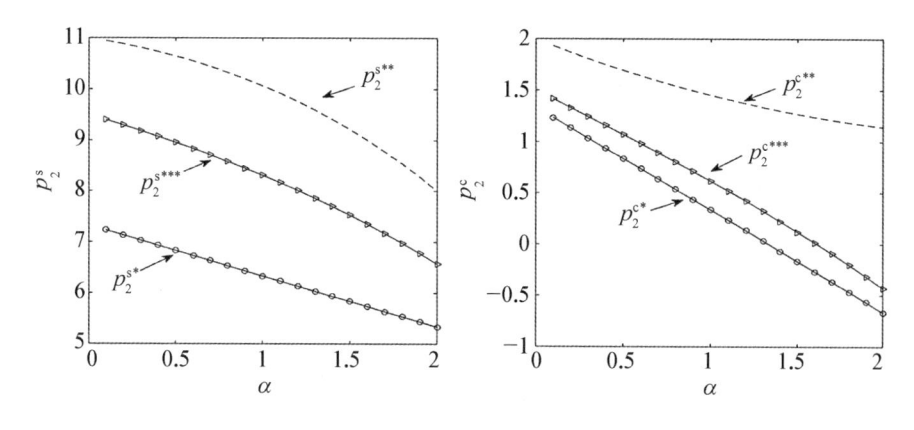

图 7　α 对均衡定价的影响

总体而言,两个平台对两边用户的定价与两边用户的交叉网络外部性强度呈反比关系:随着平台两边用户的交叉网络外部性强度的不断增加,平台对两边用户的定价都呈现逐渐下降趋势,而且平台对供给端的定价明显低于对消费端的定价。

当两个平台顺序进入市场时,平台对两边用户的最优定价都高于同时进入市场的最优定价,当共享经济平台后续进入市场时,共享经济平台对两边用户的定价都低于率先进入时的最优定价;共享经济平台率先进入时,专业平台对两边用户的定价低于共享经济平台后续进入的状态。同样可以看出,共享经济平台在后续进入市场时,在定价上具有后动优势。

从平台的利润水平来看(见图 8),随着平台两边用户的交叉网络外部性强度的增加,两个平台的利润逐渐下降,这主要是因为两边用户的价格随着交叉网络外部性强度的增强呈现逐渐下降的趋势,因此,平台利润受其影响也呈现相对下降的趋势,但是由于前提条件的存在:$ht-4\alpha^2>0$,交叉网络外部性强度对利润下降的影响程度有限。

图8 α 对平台利润的影响

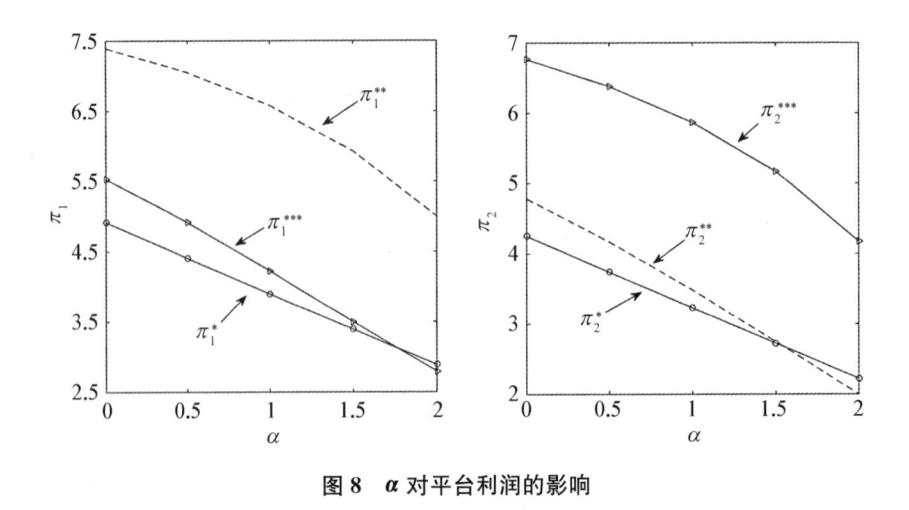

从平台不同的进入状态来看,两个平台在顺序进入时的利润水平大于同时进入时的利润水平,当共享经济平台后续进入时,共享经济平台可以获得更高的利润,而当共享经济平台率先进入时,专业平台获得的利润水平大于共享经济平台后续进入时的状态。因此,共享经济平台在后续进入时,后动优势更明显。

通过数值模拟分析,可以得出命题7:

命题7:随着平台两边用户交叉网络外部性强度的增加,两个平台对两边用户的定价均逐渐下降;当共享经济平台后续进入市场时,共享经济平台对两边用户的定价相对其他进入状态低,并且可以获得更高的利润水平。在此条件下,共享经济平台后续进入时,在定价和利润水平上具有后动优势。

通过数值模拟可以看出,基于不同的视角,随着用户加入两个平台的初始价值差异、供给者对平台差异的敏感程度,以及消费者多样化需求和交叉网络外部性的增大,共享经济平台在后续进入时对两边用户的定价较低,获得利润也相对更多,和专业平台进行竞争时具有一定的后动优势。

第五节 案例分析

如前文所述,共享经济的出现对传统的某一专业领域的商业模式产生了一定的冲击,本节以共享出行平台和共享短租平台为例,分析这两个平台与传统专业平台之间的竞争。

一、共享经济平台对传统商业模式的冲击

共享出行平台 Uber 从 2009 年成立至今,已经成为全球最具影响力的共享出行平台之一。它的出现给专业的出租车公司(平台)带来了很大的冲击。根据在线旅行和费用管理服务提供商 Certify 公布的数据,2016年第二季度,该公司在分析了 1 000 万条商务旅行收据和费用的数据后,发现出租车和汽车租赁业务都面临萎缩趋势,原因在于用户或许认为排队等待租车不如直接使用共享出行平台上的私家车方便,而且不用再担心停车、加油和购买保险等问题。从 2014 年至今,出租车的客流量已减少 51%,同时,Uber 平均每单费用较 2015 年降低 15.5%,为 25.48 美元。相比而言,出租车平均每单费用同比增长 15%,达到 39.80 美元。2013年 Uber 进入中国台湾后,张宏浩(2017)利用全岛范围内的四次调查数据,系统研究了 Uber 进入对出租车行业的影响。结果发现冲击很明显:三年内,Uber 导致出租车司机收入平均下降 17.8%,毛利下降 14.5%。2018 年 10 月《联合报》报道,出租车从业者表示,受 Uber 冲击,中国台湾多地出租车的空车率增至八成。Uber 的出现还造成一些出租车公司的倒闭。比如,2016 年 1 月,美国旧金山最大的出租车公司 Yellow Cab Cooperative Inc.(黄色出租车股份有限公司)提交了破产保护申请。造成该公司破产的一个重要原因是 Uber 和 Lyft 等共享出行服务的兴起。世界各地也陆续出现出租车司机或者公司抗议 Uber 的事件。2016 年 11

月,同样在旧金山,出租车公司 Flywheel(飞轮)指控 Uber 从 2013 年开始非法补贴车费,从而与出租车公司展开不正当竞争。2018 年 1 月 18 日,英国伦敦黑色出租车发起了针对 Uber 的抗议活动;2018 年 3 月,希腊雅典的出租车司机进行了罢工,以此抗议 Uber 的进入影响其生计;2018 年 9 月,葡萄牙出租车司机针对共享出行平台(Uber、Cabify 和 Taxify)合法化法规进行了抗议活动。通过这些事件也可以看出,共享出行平台对传统的出租车公司造成了极大的影响。

共享短租平台 Airbnb 的出现同样对传统的酒店行业造成了很大的影响。国外学者泽瓦斯等人(Zervas et al.,2013)以美国得克萨斯州的 Airbnb 数据为例,进行了实证分析,结果显示:Airbnb 的房屋供应数量每增加 10%,酒店收入将减少 0.37%。在 Airbnb 房屋供应量最大的得克萨斯州奥斯汀,酒店收入下滑了 13%。塔里克·多格鲁(Tarik Dogru)团队的研究显示:Airbnb 的房源数量每增加 1%,酒店客房平均收入就会减少 0.02%。尽管从数字上看影响似乎很小,但 Airbnb 每年的惊人增幅使得这一比率不容小觑。另一方面,Airbnb 的库存每翻一番,酒店收入就会下滑 2%。仅 2016 年,Airbnb 给酒店带来的潜在收益减少就可能达到 3.65 亿美元。Airbnb 的库存每增加 1%,酒店平均房价相应会下降 0.003% 至 0.03%,入住率则下降 0.008% 至 0.1%。2016 年,摩根士丹利公司的一份研究报告显示,Airbnb 对酒店收入的影响远远高于其分析师之前的预期。他们发现 Airbnb 近一半(49%)的需求来自先前的酒店客户。Airbnb 对酒店"每间可供出租客房收入"的影响预计比分析师的预期高出 80%。市场调研公司 Second Measure(二次测量)的数据显示,2018 年美国消费者在 Airbnb 平台的消费总额超过了在希尔顿旗下品牌的消费总额。

二、共享经济平台与专业平台的竞争

通过本章的模型构建可以看出,共享经济平台与专业平台竞争时,共享经济平台对两边用户的定价和利润主要受两边用户接入两个平台初始价值的差异、供给者对两个平台差异的敏感程度、消费者对平台上的产品或服务的多样化要求、消费端与供给端的交叉网络外部性强度的影响，本节主要通过定价策略分析共享经济平台与专业平台的竞争。

第一，当共享经济平台进入市场时，以滴滴出行为例，该平台在起步阶段就表现出很强的后动优势。这一阶段滴滴出行的主要竞争对手是出租车公司(平台)。成为滴滴快车上的司机只要拥有一辆自己的私家车、3年及以上的驾龄，以及符合滴滴平台的其他相关要求。对比出租车司机，成为一名滴滴快车的司机带来的初始效用更高：其一，司机无须与出租车公司成立雇佣关系，无须专门从事出行服务，只要利用闲暇时间在滴滴平台上提供打车服务即可，是一份自由的工作。其二，一般出租车公司会收取司机的份子钱，每月为4 000—6 000元(不同地区各不相同)，而滴滴快车是按照单次交易金额收取的，目前滴滴出行公布的抽成为20%左右，加上滴滴出行在刚进入出行市场时，对平台上的司机进行了大量的补贴，这样使滴滴出行平台(共享出行平台)对司机的定价相较于专业的出租车公司更低，也更能吸引私家车车主的加入。其三，滴滴出行发展初期，乘客对出租车服务的认可度更高，即专业平台给消费者带来的初始价值更高。滴滴出行为了克服这一缺点，对于接入平台的乘客不仅不收取服务费，还进行补贴，通过这一途径使更多人成为滴滴出行的乘客，体验共享出行平台带来的便捷和差异化(车型不一、服务多样)。滴滴出行通过不一样的定价策略，抢占了出行市场大部分的市场份额，表现出很强的后动优势。近几年出行市场的竞争也越来越激烈，除了共享出行平台滴滴出行，也出现了专业的出行平台，如曹操出行和T3出行，这两个平台上的司机都是职业司机，对于这类专业平台的后续进入，已经"在位"的滴滴出行需要发挥其先动优势，增强平台对于消费端的初始价值。近几年屡次出现的威胁乘客人身安全的事件，使平台的初始价值有所降低，面对专业平台，滴滴出行一方面应该增强乘客的安全系数，带给消费者更高的安全体验；另一方面，对平台两边用户进行适当的补贴或降低抽成，以此增强用户黏性。

第二，共享短租平台也存在后续进入市场的情形。2008年，Airbnb诞生并逐渐开启了与专业平台的竞争。刚进入住宿市场的Airbnb为了吸引有闲置房源房东的进入，采取了较低的佣金（3%—5%）。较低的进入门槛和佣金（传统的专业平台对酒店收取的佣金比例较高，可能高达30%）吸引了大量的闲置房源的房东的接入。此外，Airbnb房源的多样化程度比专业平台高出很多，迎合了消费者的多样化要求，因此，Airbnb在进入市场时，对消费端的定价相对较高，对房客收取的佣金比例最高可达20%，但随着竞争的加剧，专业的酒店平台一般不向消费者收取佣金，对消费端免费（交叉网络外部性的原因）。因此，Airbnb在2018年逐渐取消了房客的服务费，而仅对房东收取14%的服务费。这一定价策略的转变，使得Airbnb可以更好地发挥其后动优势，与专业的酒店平台进行竞争。

本章从供给者和消费者接入共享经济平台与专业平台的不同效用函数出发，基于Hotelling模型从低成本、专业化、多样化及双边市场等不同视角分析了两个平台竞争时的定价策略，并且从博弈论的角度，对两个平台不同顺序进入市场时的定价和利润水平进行对比。本章主要得出以下几个结论：

首先，两个平台对两边用户的定价和利润水平受两边用户加入平台的初始价值差异、交叉网络外部性强度、供给者对平台差异化的敏感程度、消费者对平台商品或服务的多样化需求程度的影响。

其次，当共享经济平台与专业平台同时进入市场时，专业平台和共享经济平台的利润水平受专业平台相对综合优势的影响，当专业平台的相对综合优势较大时，专业平台的利润水平大于共享经济平台，当专业平台的相对综合优势较小时,共享经济平台的利润水平大于专业平台。

最后,当共享经济平台与专业平台顺序进入市场时,基于不同的视角,通过数值模拟分析,可以看出,两个平台顺序进入市场时,两个平台对两边用户的定价高于同时进入市场时的均衡定价;当共享经济平台后续进入市场时,共享经济平台对两边用户的定价低于共享经济平台率先进入市场时,专业平台对两边用户的定价高于共享经济平台率先进入市场时;当共享经济平台后续进入市场时,共享经济平台的利润水平也高于其率先进入市场时,而专业平台的利润水平在共享经济平台率先进入市场时较高,在共享经济平台后续进入市场时较低。可以看出,在专业平台先进入市场、共享经济平台后续进入市场时,共享经济平台对两边用户的定价更低,获得的利润水平更高,共享经济平台在定价和利润水平上具有后动优势。

以上结论对共享经济平台和专业平台的竞争策略具有重要意义,两个平台在对两边用户定价时,要考虑平台对两边用户的初始价值,以及交叉网络外部性强度等因素,而且应该采取非对称的定价策略,对消费端的定价比对供给端的定价要低;另外由于共享经济平台后续进入市场的情形较多,因此在定价方面,共享经济平台要想取得定价优势更应该从不同的视角来考虑。

以往的平台竞争往往是同一类型平台的竞争——两边用户加入平台的初始效用一样,而本研究考虑的平台竞争有所不同,结合两个平台的特点——专业平台和共享经济平台对两边用户的初始效用不一样,以及平台上的产品差异,构建相应的模型,对平台竞争时的定价策略进行分析。在现实的竞争中,既存在共享经济平台先进入的情形,也存在共享经济平台后进入的情形,如共享短租平台 Airbnb、途家、小猪短租、美团民宿等,都是后续进入旅游住宿市场的,与专业的酒店平台形成竞争;而嘀嗒出行上的出租车业务,相比滴滴出行的快车业务,就是专业平台后续进入市场的情形。在这两种不同的进入市场的情形下，专业平台和共享经济平台对用户进行定价时，应当从各个视角充分考虑平台给予用户的初始价值差异的大小、供给者对平台差异的敏感程度、消费者的多样化需求程度以及交叉网络外部性强度等因素，制定出最优策略以便获得最大利润。

第四章 | 共享短租平台供给端定价特征分析

- 第一节 共享短租平台特征分析
- 第二节 共享短租平台房源定价影响因素
- 第三节 共享短租平台房东特征对房源定价的影响

第四章 | 共享短租平台供给端定价特征分析

在共享经济的商业生态系统中,共享经济平台的定价问题不仅包括平台对两边用户的定价,还包括供给端对其提供的物品或服务(即共享资源)的定价。对于共享资源差异化较大的共享经济平台,供给端用户一般是自主定价,其定价一般与平台收取的费用成正比。除此之外,供给端的定价行为还受其他因素的影响。本章主要以共享短租平台为例,分析供给端用户的定价特征,主要是因为共享短租平台是典型的共享经济平台,平台上供给端提供共享的物品(房屋)具有多样化和差异化的特点,区别于一般的专业酒店,供给端可以对其提供的房源进行自主定价,因此探究共享资源供给端对其提供的商品或者服务定价的行为,可以分析出共享资源供给者的定价影响因素。由于房源的价位分布不均,因此通过分位数回归的方法可以更好地分析不同价位房源受相关因素的影响程度,从而对不同价格区间的房源定价提出一定的建议。另外,对于供给端的异质房东的定价行为进行分析,还可以得出共享经济的一些特点,为前述章节的理论做一定的实证支持。

本章主要通过持续跟踪小猪民宿平台上的房源数据,以及对通过网络技术获得的相关数据进行计量分析,研究共享经济平台供给端的定价策略和定价差异。小猪民宿平台是国内的一家共享短租平台,成立于2012年。截至2019年5月,小猪民宿共有超过80万间房源,分布在全球超过700个城市。选择该平台作为分析依据的原因在于:首先,小猪民宿是典型的C2C模式,平台上的房源是供给者自己的,而不是平台自营的。平台仅仅是联系房源供给者(房东)和消费者(房客)的中介,对两边用户收取一定的服务费。而途家这类平台是典型的B2C模式,以自营房源为主,平台也充当经销商的角色。其次,Airbnb虽然是共享经济的代表平台,但是考虑到其数据的可获得性,以及数据的全面性,加之

Airbnb 是 2015 年 8 月才进入中国的,2022 年 5 月宣布退出中国大陆市场,所以选择 2012 年就成立的小猪民宿,其房源的数据及数据的内在性质也能充分反映共享经济,特别是共享短租平台的一些特性。

本研究以小猪民宿平台为分析依据,选择了我国 10 个主要的旅游城市①,通过网络技术分别获取了平台两个时间段的房源数据,分别为:2018 年 1 月的房源及房东信息、2019 年 10 月国庆黄金周的房源及房东信息。

表 1　房源数据信息

城 市	2019 年 10 月(个) 整套出租	独立单间	合　计	2018 年 1 月(个) 整套出租	独立单间	合　计
北　京	300	139	439	1 107	488	1 595
上　海	301	299	600	1 360	518	1 878
广　州	180	294	474	483	117	600
深　圳	301	299	600	771	329	1 100
杭　州	305	287	592	852	209	1 061
重　庆	301	299	600	1 171	198	1 369
厦　门	236	213	449	454	103	557
成　都	301	299	600	1 599	279	1 878
青　岛	169	286	455	642	49	691
西　安	300	279	579	828	119	947
合　计	2 694	2 694	5 388	9 267	2 409	11 676

---

① 以 2019 年 10 月国庆黄金周的数据为主,2018 年 1 月份获得的房源数据起到一定的辅助、对比作用。

小猪民宿平台上的房源有三种类型：整套、独立单间以及合住房间。整套指房客独享整套房屋，独立单间指可能与其他房客分住不同的房间；合住房间指和房东或者房客分享同一个房间，这种类型的房源较少，所以主要研究整套和独立单间的出租房源。2018年1月获得的房源数为11 676个，2019年10月获取的房源数为5 388个（见表1）。①

为了考察共享短租平台与专业酒店平台的关系，还获得了携程网上3星级以下的酒店和客房的相关信息（见表2）。

表2 2019年10月1日—5日携程酒店数据信息

城 市	酒店数量（个）	客房数量（间）
北 京	1 250	19 905
上 海	1 265	19 635
广 州	1 249	22 992
深 圳	641	15 470
杭 州	1 239	21 242
重 庆	485	9 340
厦 门	560	10 077
成 都	398	7 754
青 岛	505	7 885
西 安	490	8 779
合 计	8 082	143 079

---

① 由于网站设计，能获得的房源数量变少。

第一节　共享短租平台特征分析

一、专业酒店与共享短租平台上的房源位置相近

根据所获取的共享短租房源和专业酒店的经纬度数据,以北京、上海、广州、深圳为例的共享短租房源(独立单间、整套出租)和专业酒店均主要分布在城市的中心,特别是旅游中心,距离城市旅游中心越远,房源越少。我们还发现,酒店与共享短租平台上的房源位置相近,酒店几乎都分布在共享短租房源的周围,两者存在密切的联系。

二、房源以整套出租为主,独立单间的比重下降

考察两个不同时间段内的国内10个城市的房源信息(见表3),可以看出,与房东或者房客合住的独立单间的房源较少,整套出租的房源较多;而且随着时间的推移,独立单间出租的比例呈下降趋势,房客独享整套房间呈上升趋势;与房东或者房客共享一套房屋的独立单间在北京、上海等一线城市占比较高,其他二线城市也呈上升趋势。

表3　不同房源类型对比

数据获取日期	2019年2月27日			2018年6月11日		
城市	独立单间数量(个)	整套出租数量(个)	独立单间占整套出租比例(%)	独立单间数量(个)	整套出租数量(个)	独立单间占整套出租比例(%)
北京	5 000+	14 000+	36	4 000+	10 000+	40
上海	4 000+	15 000+	27	3 000+	10 000+	30
广州	1 000+	10 000+	10	1 000+	6 000+	17

续 表

数据获取日期	2019年2月27日			2018年6月11日		
城市	独立单间数量(个)	整套出租数量(个)	独立单间占整套出租比例(%)	独立单间数量(个)	整套出租数量(个)	独立单间占整套出租比例(%)
深圳	1 000+	6 000+	17	1 000+	4 000+	25
杭州	1 000+	7 000+	14	1 000+	5 000+	20
重庆	1 000+	10 000+	10	1 000+	9 000+	11
厦门	900+	6 000+	15	500+	4 000+	13
成都	2 000+	17 000+	12	1 000+	10 000+	10
青岛	700+	10 000+	7	272	6 000+	5
西安	1 000+	10 000+	10	800+	7 000+	11

从供给端来看,与房东或者房客合住的独立单间的房源,可以较多展现房源闲置的特征。根据以上的数据趋势可以看出,具有闲置特征的独立单间的房源提供数量明显少于可能是专门用于出租的整套房源。供给端提供的资源特征逐渐发生变化,有些房源不再是闲置,而是专门为了在短租平台上出租。

三、一定规模房源的房东数量占比逐渐升高

2018年1月的数据中,房东的样本量为8 344个;2019年10月的数据中,房东的样本量为2 931个。将房东的房源数量进行详细划分(见表4),可以看出,房源数量为1个的房东的占比下降幅度较大,2018年1月,占比为35.4%;2019年10月,下降到18.3%;房源数量为2个的房东的占比也有所下降;而房源数量为3个及以上的房东较2018年均有不同程度的上

升。其中,上升幅度最大的是拥有 5 到 20 个房源的房东,合计占比约为 33.1%;房源数量超过 20 个的房东占比较小,但是这类房东拥有的房源总量较多,有房东拥有 75 个房源。可以看出,拥有一定规模的房东数量逐渐升高,在共享短租平台的供给端出现了一定规模的共享资源提供者。

表4 房东的房源数量统计

获取数据时间	2019 年 10 月		2018 年 1 月	
房东的房源数量(个)	房东数(个)	占比(%)	房东数(个)	占比(%)
数量=1	537	18.3	2 954	35.4
数量=2	392	13.4	1 528	18.3
2＜数量≤5	938	32	2 267	27.2
5＜数量≤10	685	23.4	1 094	13.1
10＜数量≤20	285	9.7	398	4.8
20＜数量≤30	57	1.9	66	0.8
30＜数量≤75	37	1.3	37	0.4
合计	2 931	100	8 344	100

四、市场集中度较低,行业竞争程度高

市场集中度(HHI)指数是用来测量某一产业集中度的综合指数。本研究根据所获得房源的所有数据,将样本中属于同一房东的房源进行整理,对规模超过 5 个房源的房东的市场份额进行测算,可以得到市场集中度指数(见表5),HHI 指数小于 500,根据以 HHI 值为基准的市场结构分类,属于竞争Ⅱ型:分散竞争型。因此,以小猪民宿网站为代表的共享短租行业,虽然出现了一定规模的房东,但整个市场仍然处于充分竞争的状态。

表 5　市场集中度

获取数据时间	2019 年 10 月①	2018 年 1 月
房东房源数量(个)	市场占有份额(%)	市场占有份额(%)
5＜数量≤10	2	12
数量＞10	11	19
HHI	138	481

五、房东年龄、学历、职业特征

通过获得的 133 个显示具体信息的房东数据样本来看（见表 6），"80 后"的房东占比最大，为 52.8%；本科学历的房东占比最高，为 67.7%；标注职业的 90 个房东中，有建筑师、银行柜员、花艺师、设计师等，有从事 IT 行业和教育行业，以及全职妈妈、自由作家和职业房东；从表 6 可以看出，自由职业的占比为 21.1%，而职业房东的占比为 22.2%，这两类人群的占比约为 43.3%。房东职业房东的平均房源为 14 个，自由职业者的房东平均拥有 9.4 个房源，其他职业的房东平均拥有 7 个房源。可以看出，职业房东拥有较大数量的房源，由于小猪民宿平台上的房源不仅有单间出租，也有整套出租的，所以职业房东平均拥有的房源的房间数会超过 14 个，有可能是 20 个或者更多，这样的房源规模同经济型的小酒店的客房规模不相上下。

---

① 由于网站设计的改变，第二次（2019 年 10 月）样本数据较少，对最终 HHI 值的计算有一定的影响。

表 6　房东年龄、学历、职业特征

出生年份	房源数（个）	占比（%）	学历	房源数（个）	占比（%）	职业	房源数（个）	占比（%）	平均房源（个）
1970—1979 年	26	19.5	专科及以下	31	24.4	自由职业	19	21.1	9.4
1980—1989 年	70	52.7	本科	86	67.7	职业房东	20	22.2	14.2
1990—1999 年	37	27.8	硕士	10	7.9	其他	51	56.7	7
合　计	133	100	合计	127	100	合计	90	100	10.2

第二节　共享短租平台房源定价影响因素

一、变量描述及研究方法

本节主要根据王和尼古拉（Wang and Nicolau，2017）的方法，加入房源面积、房东房源数量、相关配套、消费者评论等对定价可能产生影响的因素，采用分位数的方法分析影响房源定价的因素。吴晓隽和裘佳璐（2019）加入了二手房房价及星级酒店因素，考察共享短租平台的价格影响因素。但是通过一些文献可以看出共享短租平台主要对经济型酒店及星级不是很高的酒店产生了重要的影响。共享短租平台的竞争对手主要是中、低级别的酒店。因此，本节同时抓取了携程网上的 3 星级以下的酒店客房的相关信息，为保证价格的统一性，入住时间同小猪民宿的时间一致，为 2019 年十一黄金周，城市仍然为相同的 10 个城市。本节还加入携程网上酒店的相关信息，并对数据进行进一步处理，将 10 个城市每个区的酒店的平均价格(hotelp)、平均数量(hnum)设为解释变量,考虑专业平台相关变量对共享经济平台定价的影响。共享短租平台房源的定价影响因素主要分为6类、17个变量(见表7),6类影响因素主要分为:专业平台影响因素、房源类型及配套设施、房东特性、消费者评论、房价及区位、房源特点。

各变量所代表的具体含义如下:

"price"指小猪民宿平台上所选取城市的各个房源的每日住宿定价。

专业平台影响因素包括2个变量:"hotelp"指携程网上相应城市各区酒店客房的平均每晚住宿定价,"hnum"代表携程网上相应城市各区酒店的平均数量。

房源类型及配套设施包括3个变量:"accom"是虚拟变量,代表小猪民宿平台上房源的类型,是整套出租的房源还是独立单间的房源;"cook"代表民宿房源是否提供厨房供房客做饭;"icebox"代表民宿房源是否提供冰箱供房客储藏食物等。

房东特性包括3个变量:"cert"代表该房东是否进行了实名认证,"rooms"代表该房东总共有多少供出租的房源,"order"代表这个房源总共获得多少订单数量。

消费者评论包括2个变量:"comments"是该房源总的评论数量,"allscore"代表该房源总体的评分情况,最低1分,最高5分。

房价及区位包括2个变量:"secp"代表2019年9月所选取的城市中各区二手房均价,这主要是与房源信息选取的时间(2019年10月)相对应;"distance"指该房源与所在城市的旅游中心的距离,比如,北京以天安门广场为城市旅游中心。

房源特点包含5个变量:"photo"指该房源的照片数量,"area"指该房源的面积,"guest"指该房源的宜住人数,"type"指该房源居室的数量,"bed"代表该房源的床铺数量。

房源的住宿价格最低为30元,最高为3 688元(见图1),住宿价格的跨度较大,也可以看出,共享短租平台上消费者的消费水平和层次也不相同。那么分析不同房源的不同消费群体定价的影响因素及影响程度,也可以解释共享经济平台用户的一些行为,并对相应价位房源的房东定价给予一定的建议。

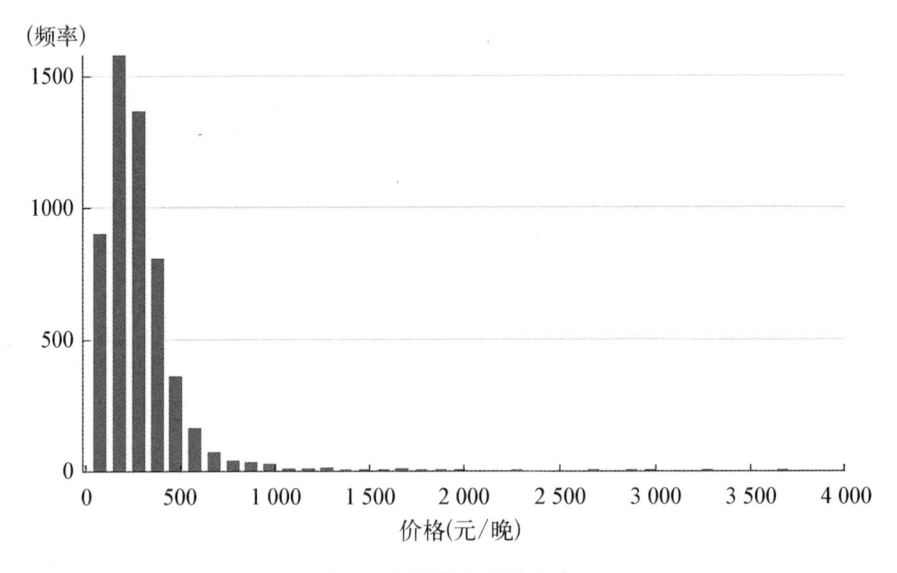

图 1　房源住宿定价分布

通过对相关变量进行描述性分析(见表 7),可以看出所选取的样本中房源的住宿价格平均值为 287.5 元/晚,携程网站上酒店客房的平均住宿价格为 623.9 元/晚,各区的平均酒店数量 150.2 个,房东的平均房源为 7.64 套,房东获得的平均订单为 183.9 个,房东房源的平均评论数约为 66.85 个,房东的全部房源的平均得分为 4.79 分。2019 年 9 月的二手房均价为 35 176.5 元;距离城市旅游中心的平均距离为 16.187 千米。从房源特点来看,每个房源的平均图片数量为 19.49 张,平均面积为 40.75 平方米,平均可容纳房客约为 2.67 人,房源的平均居室数量为 3.34 个。

第四章 | 共享短租平台供给端定价特征分析

表 7 相关变量的描述信息

变　　量	样本量	均　值	标准差	最小值	最大值	变量描述
price	5 388	287.5	225.3	30	3 688	每日住宿定价(元)
专业平台影响因素						
hotelp	5 388	623.9	226.5	263	1 682	各区酒店客房的平均每日住宿定价(元)
hnum	5 388	150.2	132.3	1	475	酒店的平均数量
房源类型及配套设施						
accom	5 388	0.500	0.500	0	1	房源的类型：整套出租/单间出租(虚拟变量)
cook	5 388	0.754	0.430	0	1	有无厨房(虚拟变量)
icebox	5 388	0.981	0.136	0	1	有无冰箱(虚拟变量)
房东特性						
cert	5 388	0.834	0.372	0	1	房东是否进行实名认证(虚拟变量)
rooms	5 388	7.64	7.267	1	75	房东房源数
ordcr	5 388	183.9	421.8	1	5 635	房源总订单数
消费者评论						
comments	5 388	66.85	171.7	0	2 366	房源总评论数
allcore	4 569	4.79	0.35	1	5	房源总评分
房价及区位						
secp	5 388	35 176.5	213 084	6 047	90 368	2019 年 9 月各区二手房均价(元/平方米)
distance	5 388	16 187	20 292	59.51	225 666	与城市旅游中心距离(米)
房源特点						
photo	5 388	19.49	11.53	1	99	房源照片

续 表

变 量	样本量	均 值	标准差	最小值	最大值	变量描述
area	5 388	40.75	32.87	3	600	房源面积(平方米)
guest	5 388	2.67	1.491	1	20	宜住人数
type	5 388	3.34	4.408	1	80	居室数量
bed	5 388	1.46	0.779	1	11	床铺数

本章主要采用 OLS(最小二乘法)和 QR(分位数回归)方法。OLS 是对样本均值的回归。QR 是肯克和贝塞特(Koenker and Bassett)在 1978 年提出的,分位数回归使用残差绝对值的加权平均作为最小化的目标函数,所以不易受到极端值的影响,能够比较全面地反映被解释变量的相关信息。假设 Y 是一个连续型随机变量,其累积分布函数为 $F_y(\cdot)$,则 Y 的"总体 q 分位数"($0 < q < 1$),记为 y_q,满足以下定义式:$q = P(Y \leqslant y_q) = F_y(y_q)$。对于回归模型而言,记条件分布 $y \mid x$ 的累积分布函数为 $F_{y\mid x}(\cdot)$。条件分布 $y \mid x$ 的总体 q 分位数,记为 y_q,满足以下定义式:$q = F_{y\mid x}(y_q)$。假设条件分布 $y \mid x$ 的总体 q 分位数,记为 $y_q(x)$ 是 x 的线性函数,即 $y_q(x_i) = x'_i\beta_q$,其中 β_q 被称为"q 分位数回归系数",其估计量可由以下最小化问题来定义:

$$\text{Min} \sum_{i:y_i \geqslant x'_i\beta_q}^{n} q \mid y_i - x'_i\beta_q \mid + \sum_{i:y_i < x'_i\beta_q}^{n} (1-q) \mid y_i - x'_i\beta_q \mid$$

共享短租平台上房源住宿价格的分布跨度较大,运用 QR 方法,可以细致、深入地分析住宿价格受相关因素的影响程度。如前文所述,影响价格的 17 个变量,具体分为 6 类:专业平台影响因素、房源类型及配套设施、房东特性、消费者评论、房价及区位、房源特点,具体模型如下:

$$\text{Ln price} = c^\tau + X'_i\beta_q + \varepsilon$$

其中(q 代表不同的分位点),

$$X = (\ln hotelp、\ln hnum、accom、cook、icebox、cert、rooms、\ln order、$$
$$\ln comments、allscore、\ln sprice、\ln distance、\ln photo、\ln area、$$
$$guest、type、bed)$$

对变量间进行相关性分析,可以看出房源住宿价格与主要考察变量之间存在明显的相关性,具体如表 8 所示。

表 8 相关性分析

变量	price	hotelp	hnum	order	rooms	comments	allscore	secp	distance
price	1								
hotelp	0.252*	1							
hnum	0.173*	0.031*	1						
order	−0.044*	0.083*	0.156*	1					
rooms	−0.033*	0.067*	0.107*	0.489*	1				
comments	0.057*	0.032*	0.116*	0.933*	0.382*	1			
allscore	0.159*	−0.017	−0.019	0.002	−0.092*	0.031*	1		
secp	0.335*	0.483*	0.528*	0.155*	0.088*	0.102*	−0.049*	1	
distance	0.108*	0.17*	−0.304*	−0.239*	−0.058*	−0.19*	0.052*	−0.018	1

注:* 表示 $p < 0.1$。

因各变量间多重共线性可能导致回归结果不准确,对所有解释变量进行多重共线性检验,诊断结果表明,方差膨胀因子 VIF 的平均值为 3.69,最大值为 9.26,小于 10,因此,模型中不存在多重共线性问题。

二、回归结果

对影响房源定价的相关变量进行实证分析,运用 OLS 和 QR 的方法,具体回归结果如表 9 所示。

表9 共享房源住宿定价的影响因素

	(1)	(2)	(3)	(4)	(5)	(6)
	OLS	QR_10	QR_25	QR_50	QR_75	QR_90
专业平台影响因素						
ln hotelp	0.201***	0.241***	0.203***	0.204***	0.225***	0.186***
	(0.027 6)	(0.027 7)	(0.023 0)	(0.021 7)	(0.021 2)	(0.046 8)
ln hnum	0.009 14	0.015 5**	0.006 21	0.001 73	0.006 32	0.004 08
	(0.007 80)	(0.007 61)	(0.007 01)	(0.006 27)	(0.006 76)	(0.013 8)
房源类型及配套设施						
1.accom1	0.117***	0.293***	0.237***	0.102***	0.021 3	−0.015 3
	(0.022 5)	(0.025 7)	(0.018 0)	(0.019 7)	(0.021 5)	(0.027 2)
1.cook1	−0.002 33	0.042 3***	0.011 6	−0.004 28	−0.024 7**	−0.000 945
	(0.014 2)	(0.013 5)	(0.012 3)	(0.010 7)	(0.011 7)	(0.025 1)
1.icebox1	0.029 7*	0.004 79	0.019 9	0.003 42	−0.013 8	−0.014 9
	(0.017 9)	(0.021 1)	(0.016 1)	(0.014 4)	(0.015 7)	(0.030 0)
房东特性						
1.cert1	0.062 4***	0.015 3	0.047 1***	0.060 5***	0.042 9*	0.004 76
	(0.020 2)	(0.017 8)	(0.018 0)	(0.009 25)	(0.023 1)	(0.032 8)
rooms	0.022 8***	0.013 5	0.018 1***	0.017 1***	0.020 7***	0.026 3*
	(0.008 39)	(0.009 04)	(0.006 99)	(0.006 01)	(0.005 66)	(0.014 4)
ln order	−0.097 1***	−0.088 8***	−0.090 3***	−0.092 9***	−0.076 9***	−0.050 3**
	(0.013 2)	(0.011 2)	(0.009 24)	(0.008 17)	(0.008 59)	(0.020 0)
消费者评论						
ln comments	0.023 4**	0.040 5***	0.036 7***	0.036 6***	0.015 7*	−0.021 9
	(0.011 6)	(0.009 71)	(0.008 04)	(0.007 20)	(0.008 05)	(0.017 9)
allscore	0.129***	0.114***	0.135***	0.119***	0.124***	0.072 7**
	(0.018 3)	(0.013 6)	(0.009 88)	(0.012 1)	(0.016 2)	(0.031 1)

续 表

	(1)	(2)	(3)	(4)	(5)	(6)
	OLS	QR_10	QR_25	QR_50	QR_75	QR_90
房价及区位						
ln secp	0.267*** (0.026 7)	0.312*** (0.030 1)	0.267*** (0.022 7)	0.240*** (0.021 1)	0.170*** (0.021 2)	0.181*** (0.045 2)
ln distance	0.019 5*** (0.007 51)	0.014 8 (0.009 58)	0.014 0** (0.005 91)	0.007 64 (0.004 82)	0.000 862 (0.004 16)	0.010 2 (0.013 4)
房源特点						
ln photo	0.186*** (0.013 0)	0.202*** (0.015 1)	0.160*** (0.010 8)	0.146*** (0.009 66)	0.155*** (0.010 4)	0.136*** (0.021 3)
ln area	0.292*** (0.019 1)	0.284*** (0.021 3)	0.290*** (0.014 4)	0.342*** (0.012 7)	0.341*** (0.015 0)	0.319*** (0.027 0)
guest	0.071 4*** (0.010 3)	0.063 4*** (0.011 9)	0.071 9*** (0.007 66)	0.049 7*** (0.005 28)	0.069 6*** (0.010 5)	0.085 3*** (0.015 7)
type	0.002 29 (0.001 86)	0.002 83*** (0.000 541)	0.000 235 (0.000 682)	−0.002 58 (0.002 87)	0.008 90*** (0.003 09)	0.007 89*** (0.002 72)
bed	−0.015 9 (0.017 5)	−0.011 4 (0.020 3)	−0.024 2* (0.014 1)	0.006 78 (0.010 2)	−0.014 1 (0.018 5)	−0.009 30 (0.027 5)
_cons	−0.840** (0.399)	−2.023*** (0.487)	−1.027*** (0.310)	−0.427 (0.298)	0.410 (0.279)	1.030 (0.631)
city	control	control	control	control	control	control
N	4 556	4 556	4 556	4 556	4 556	4 556
R^2	0.590 8	0.456 0	0.453 1	0.421 7	0.371 9	0.315 3

注：① 括号中代表标准误差。
② *表示 $p<0.1$，** 表示 $p<0.05$，*** 表示 $p<0.01$。

根据以上 OLS 和分位数回归结果看出：

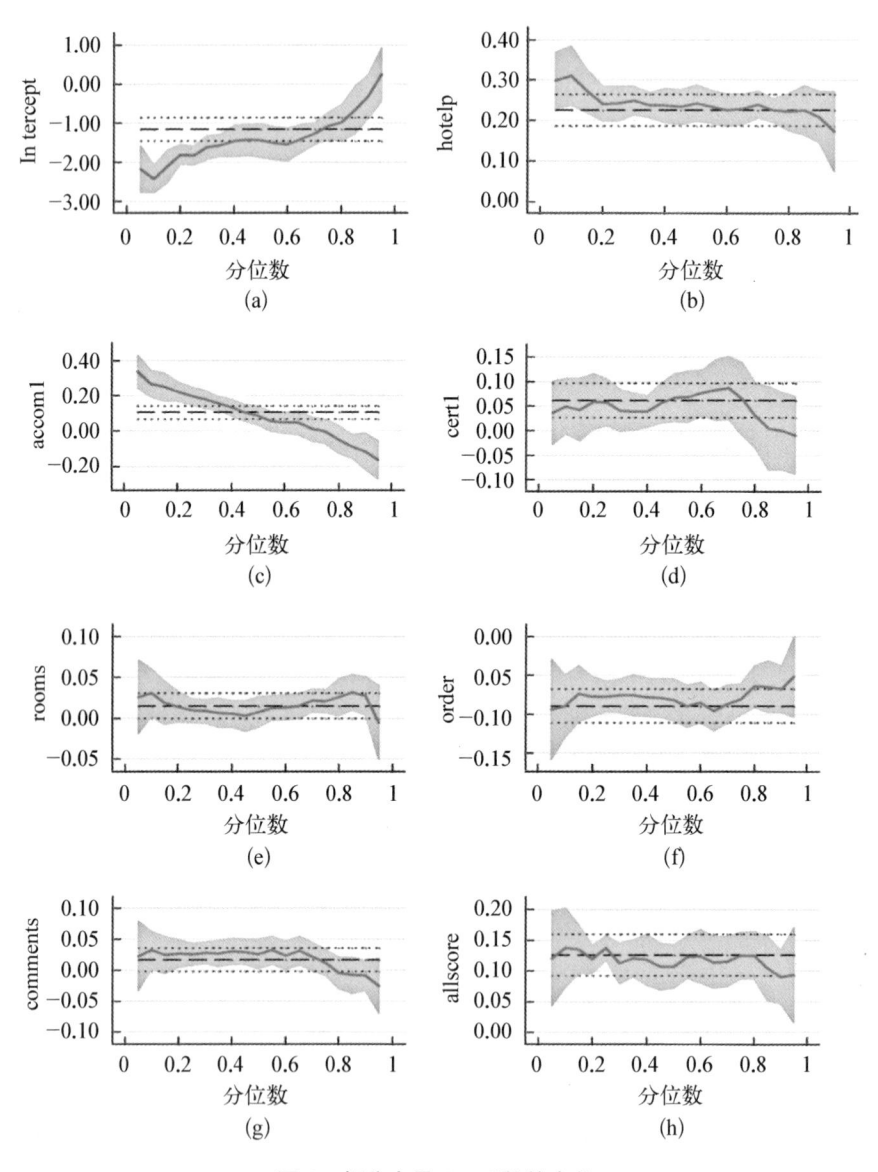

图 2 部分变量 QR 系数的变化

（一）专业平台的影响因素

携程网上客房的平均住宿定价对小猪民宿上房源的定价产生显著的正向影响。酒店的平均住宿定价每增加1%，小猪民宿平台上的房源的住宿定价增加0.2%。从QR来看，也同样呈现显著的正向影响。如图2(b)所示，随着分位数的增加，专业平台上客房的住宿定价对小猪民宿房源住宿定价的影响程度呈下降趋势，低价位房源的受影响程度最高(0.24%)。可以看出，共享短租平台的定价受专业平台定价的影响，由于系数为正，因此两个平台的定价存在竞争关系，且专业平台与低价位房源的竞争程度更明显。

专业平台酒店的数量对小猪民宿上房源的定价影响因素为正向，但是不显著。在分位数回归结果中，对低价位房源住宿价格的影响较为显著。酒店数量每增加1%，低价位房源的定价约增加0.02%，因此低价位房源受专业酒店的影响程度更大，与经济型酒店的竞争更激烈。这也和Zervas等人的研究结果吻合。

（二）房源类型及配套设施

从房源类型来看，对于OLS回归结果可以看出：整套出租的房源，其价格将比与房东或与其他房客合住的独立单间（简称"独立单间"）高出约12.4%（根据半弹性估计，$e^{0.117} - 1 = 0.124$），非常显著。在QR结果中，方向与OLS回归结果一致。图2(c)显示了QR系数的变化。可以看出，随着分位数的增加，独立单间的QR系数逐渐下降。对于0.1分位点的房源，整套出租的房源的住宿价格比独立单间的价格高出约34%。而对于中高价位的房源，独立单间和整套出租的房源的住宿价格差异并不显著。这充分显示了共享经济中闲置资源的低回报和较经济的特点。与房东或房客合住的独立单间更具有"共享"和"闲置"的性质，定价相对于整套出租的房源更低，这说明房东的闲置资源的低回报要求。对于低价格区间的房源，独立单间的住宿价格比整套出租的价格低得多，也说明了租住独立单间的房客的低价格、更经济的诉求,这也是短租平台区别于传统住宿行业的一个重要特点。对于高价格区间的房源,整套出租和独立单间出租的定价差异不明显,这可能是因为高价格的房源的房东都较专业,房源的差异性也不明显。

从房源的配套设施来看,OLS回归结果可以看出,如果房源中有冰箱,那么,住宿价格将高出约3%($e^{0.0297}-1=0.0301$);QR结果中,各分位点并不显著。房源如果允许做饭,OLS回归结果显示其价格低于不能做饭的房源,但是对定价的影响并不显著。在QR中,低分位点的房源,如果可以可以做饭,那么,定价要高于不能做饭的房源约4.3%($e^{0.0423}-1=0.043$),而对于中高价位的房源,允许做饭的房源定价反而较低(0.75分位点系数为-0.0247)。充分说明住低价格房源的房客,更在意旅行中生活成本的节约;而住高价格房源的房客,不是很在意是否可以做饭这一配套设施。这体现了共享经济可以为消费者提供一定的成本节约。

(三) 房东特性

从房东是否实名认证来看,进行实名认证的房源的住宿价格要高出没有经过实名认证的房源约6.4%($e^{0.0624}-1=0.0644$);QR结果中,如图2(d)中显示,随着分位数的增加,是否实名认证对于最低分位和最高分位的房源的定价影响不显著,对于其他分位点,房东实名认证的房源的定价明显高出房东没实名认证的房源,这也说明房客比较看重共享短租平台上的信用和安全问题。

从房东的房源数量数来看,房东的房源数量对价格的影响呈现显著的正向影响关系,房东的房源数量每增加1个,那么房源的住宿价格将上涨2.3%($e^{0.0228}-1=0.023$),QR结果中,如图2(e)所示,随着分位数的增加,系数总体呈现上升趋势,除了在0.1分位点,对其他分位点的房源的定价影响均较显著。这说明随着房源住宿价格的上升,房东的房源数量越多,房源的定价越高。在 0.9 分位点,房源的数量每增加 1 个,房源的住宿价格将上涨 2.7%。

房东接受的总订单对房源的住宿定价也产生了显著的反向影响。这主要是因为在本研究中房源的订单数量越多,由于规模效应的存在,价格越低。OLS 回归结果显示:房东的总订单数量每增加 1%,房源的住宿价格会减少 0.1%。QR 结果中,由图 2(f)可以看出,随着分位数的增加,总订单数量对价格的影响程度先下降再上升,这说明房东的总订单数量对中等价位房源的价格影响程度最低,而对中低价位的房源的住宿定价的影响程度较高。因此,对于高价位的房源,订单数量的增加,并不会使高价格房源的房东降低太多的住宿价格。

(四)消费者评论

从房东房源的评论数来看,房源的评论数对房源的价格产生显著的正向的影响。OLS 回归结果中,房源的评论数每增加 1%,房源的住宿价格会上涨 0.023%。这说明了消费者间的正向网络效应,消费者评论越多,越对后续入住的房客产生正向的影响,说明房客的黏性越好,使房东的定价越高。QR 结果中,如图 2(g)所示,随着分位数的增加,房源的评论数对价格的正向影响逐渐下降,且对 0.9 分位数的房源的定价产生负向的影响,但不显著,这说明中、低价格的房源定价受评论数的影响程度较大,这类房源的用户间的正的自网络外部性更明显。

房源的总评分对住宿定价也产生了显著的正向的影响。全部房源总评分每增加 1 分,房源的住宿价格会上涨 13.8% ($e^{0.129}-1=0.138$)。可以看出,消费端的综合打分对房源的定价影响程度较高。从 QR 结果[见图 2(h)]来看,对于高价格的房源,房源的总评分对其定价产生的影响程度较小,而对于中等价位的房源,房源的总评分对其定价产生的影响较大。比如在 0.25 分位点上,房源的总评分每增加 1 分,房源的价格就会上涨14.5%（$e^{0.135}-1=0.145$）。因此，对于消费端的评论和打分对房源的定价产生较重要的影响，房东应该积极重视消费端评论。

（五）房价及区位

从二手房价格的影响来看，二手房的价格对小猪民宿平台上房源的住宿价格呈现正向的影响，这与现实相符，二手房的价格越高，房源出租的机会成本越高，房源的定价也就越高。

从房源与城市旅游中心的距离来看，房源离城市中心距离越远，住宿价格越高。这主要是因为共享短租平台主要是迎合外地旅行者的需求，城市旅游中心附近，房源较多，竞争较激烈，住宿价格相对较低。具体来看，OLS回归结果显示，离城市旅游中心的距离每增加1%，房源的住宿价格会上涨0.02%；QR结果中，仅在中、低分位点，距离对住宿价格产生正向的影响。

（六）房源特点

房源本身也有对定价产生影响的变量，如网站上房源的照片数量、房源的面积、宜住人数、居室数量、床铺数等基本因素。可以看出：

房源的照片数量对定价的影响均为正向且很显著。房源的照片数量越多，对房源的定价越高。这主要是因为照片数量越多，一方面，可能由于房源的数量越多，房东的投入越多，那么，其是专业房东的可能性越大，房东对从事这一商业活动的回报越高，因此住宿价格越高；另一方面，房源的照片数量越多，会更多地显示出房源的"与众不同"和与其他房源的差异化，更能满足用户的体验需求，因此房源的定价就越高。

房源的面积、宜住人数、居室数量都对房源的住宿价格产生正向的显著影响。房屋面积每增加1%，房源的住宿价格将上涨0.29%；宜住人数每增加1个，房源的住宿价格将上涨7.4%；房屋的居室数量对中、高价位房源的住宿价格影响程度较高；床铺数量对低分位点房源的定价产生显著的负向影响,其他分位点影响不显著。

三、内生性讨论

通过 OLS 回归结果和 QR 结果可以看出,专业平台携程网上酒店的定价和数量对共享短租平台上的房源的定价产生正向且显著的影响,并且对低价房源的影响程度最大。但是由于这两个平台是相互竞争的,携程网上酒店的定价与小猪民宿平台上的房源的定价存在直接的双向交互影响,可能产生内生性问题。为了克服内生性问题,需要一个或多个与携程网上酒店客房的定价高度相关,同时独立于小猪民宿平台上房源定价的外生变量作为工具变量,然后采用二阶段最小二乘法估计回归方程。而酒店的价格受房间面积、客房数量、可容纳人数及房间类型[蒙蒂、斯基德莫尔(Monty、Skidmore,2003);李、江(Lee、Jang,2011);伊斯雷尔斯(Israeli,2002)]的影响。本节中携程网酒店的定价采用的是 10 个城市中各区级行政单位的平均定价,受到客房面积、最多入住人数以及豪华客房(住宿价格高于 1 000 元)比例的影响。这 3 个变量不会对小猪民宿平台上房源的定价产生直接的影响。我们将这 3 个变量作为携程网酒店客房的平均住宿价格的工具变量,使用 2SLS(二阶段最小二乘法)方法进行估计后的结果如表 10 所示:

表 10　2SLS 估计结果与 OLS 估计结果对照

系　　数	OLS	2SLS
专业平台影响因素		
ln hotelp	0.201*** (0.027 6)	0.276*** (0.037 8)

续 表

系　数	OLS	2SLS
hnum	0.009 14 (0.007 80)	0.012 6 (0.007 83)
房源类型和配套		
1.accom1	0.117*** (0.022 5)	0.117*** (0.022 4)
1.cook1	−0.002 33 (0.014 2)	−0.000 956 (0.014 1)
1.icebox1	0.029 7* (0.017 9)	0.032 1* (0.017 9)
房东特性		
1.cert1	0.062 4*** (0.020 2)	0.062 4*** (0.020 2)
rooms	0.022 8*** (0.008 39)	0.022 1*** (0.008 38)
ln order	−0.097 1*** (0.013 2)	−0.094 3*** (0.013 2)
消费者评论		
ln comments	0.023 4** (0.011 6)	0.021 6* (0.011 6)
allscore	0.129*** (0.018 3)	0.127*** (0.018 1)
其他控制变量		
city	control	control
Observations	4 556	4 556
R^2	0.590 8	0.590

续　表

系　　数	OLS	2SLS
第一阶段：		
ln harea		−0.411*** (0.033 53)
hgest		0.292 3*** (0.019 3)
luxury		2.437*** (0.049 01)
过度识别检验		$p=0.429\ 4$
工具变量与内生变量相关性		$p<0.000\ 1$
内生性检验		
		Durbin（score）$\chi(1)=5.911\ 85$ $p=0.015\ 0$
		Wu-Hausman $F=5.883\ 15$ $p=0.015\ 3$
弱工具变量检验		
		Cragg-Donald Wald F 统计量$=1\ 612.613$
		Kleibergen-Paap rk Wald F 统计量$=1\ 350.054$
		Stock-Yogo bias critical value$=22.3(10\%)$

注：括号中代表稳健标准误差。*** 代表 $p<0.01$，** 代表 $p<0.05$，* 代表 $p<0.1$。

通过对工具变量(harea、hgest、luxury)进行过度识别检验，p 值为 0.43，因此可以认为这三个变量外生与扰动项无关，工具变量与内生变量 (hotelp) 也存在很强的相关性（$p<0.000\ 1$），对 hotelp 是否为内生变量进行 DWH 检验，p 值小于 0.05，因此可认为 hotelp 为内生解释变量，弱工具变量的检验结果可知 Cragg-Donald Wald F 统计量为 1 612.6，Kleibergen-Paap rk Wald F 统计量为 1 350.054，均大于 10% 偏误的临界值 22.3，因此拒绝弱工具变量的假设。从估计结果来看，在控制了酒店客房平均定价变量的内生性后，酒店客房平均定价仍然通过了 1% 的显著性检验，系数为正，且系数相比于未控制内生性时有所上升，这说明酒店客房的住宿定价对小猪民宿平台的房源住宿定价产生重要的影响：酒店客房的住宿定价每增加 1%，小猪民宿平台上房源的住宿定价将提高约 0.3%。

四、总结

在这一小节中，通过考察专业平台影响因素、房源类型及配套设施、房东特性、消费者评论、房价及区位、房源特点等 6 个方面的 17 个变量，分析了各因素对共享短租平台的住宿价格的影响程度，以及在不同分位数水平上，各因素对房源住宿价格的影响程度。通过回归结果可以看出：

第一，携程网（专业平台）上酒店客房的定价会显著影响小猪民宿（共享经济平台）房源的定价，且呈现正向的影响。这说明共享经济平台与专业平台存在竞争关系，同时对于低价位的房源，这两类平台的竞争更激烈。专业平台酒店数量虽然在整体上对共享短租房源的定价影响不显著，但是对低价位房源产生较强的正向影响，这也说明共享经济平台与专业平台的竞争主要集中在低价位的经济型房源上。

第二，整套出租房源的住宿定价明显高于独立单间。独立单间的房源更具有"共享"与"闲置"性质（与房东或者房客合住），也反映了闲置资源的低回报要求；低分位点房源的住宿定价中，独立单间房源比整套出租房源的定价更低，这说明在低价位的房源中，合住的独立单间的价格更具优势，这类型的房源更能迎合低价位房源房客的需要。对于房源中的配套设施，冰箱和洗衣机的提供会提高房源的住宿价格。且低分位点的房源如果提供厨房，则定价要显著高出不提供厨房做饭的房源。而这一因素对其他分位点上房源的住宿价格的影响并不明显，这说明厨房的提供迎合了低价位房源的房客，也说明了共享短租平台对比专门的酒店住宿，可以节约房客的旅行成本，而且有不同的生活体验，体现了共享经济与传统商业模式的不同。

第三，从房东特性来看，如果房东进行了实名认证，则房源的住宿定价要比没进行实名认证的定价高，这间接说明了个人安全和房东信用是消费者比较重视的因素；房东的房源数量越多，住宿定价越高；位于高分位点的房东的房源数量越多，对房源价格的影响程度越大；房东的总订单越多，房源的定价越低。一方面说明了房源数量多的房东的住宿定价会提高；另一方面，房源的订单数量越多，带来的规模效应越大，则房源的定价越低。

第四，从消费者评论来看，房东的评论数和总评分越多，则其房源的住宿定价越高，这说明已有的评论数和消费者的评分对房源的定价产生正向的显著影响。且低分位点的房源中房客评论数及评分对房源定价的影响程度更高。这部分房源的房东更应该关注房客的评价。

第五，房源的图片数量越多，则房源的住宿价格越高。这主要是因为房源的数量越多，说明房东的投入越多，那么其对从事这一商业活动的回报要求越高，住宿价格越高。此外，房源的照片越多，会更多显示出该房源与其他房源的差异化，更能满足消费者的用户体验需求，因此房源的定价就越高。

第六,通过对不同价位的房源进行分位数回归,可以看出不同价位的房源受各因素的影响程度不同,因此房源处于不同价位的房东,在对房源定价时,可以根据不同影响因素的显著性和程度,重点关注相关因素,进行更加合理的定价。比如,对低价位房源,房东在定价时需要更多考虑专业酒店的客房定价及周边客房的数量;注重房源的配套设施,尽量提供厨房;重视消费者的评论和打分;增加房源的照片描述。对于其他价位的房源,房东可以根据各因素对房源定价的影响程度,进行更合理、细致的定价。

第三节 共享短租平台房东特征对房源定价的影响

小猪民宿平台上房东的房源数量(rooms)对房源的定价产生显著的正向的影响。房东的房源数量每增加1个,房源的定价将增加约2.3%;房东的房源数量越多,则该房源的住宿价格越高,而且在QR中,对于中、高价位房源的定价,房东的房源数量对定价产生的正向影响更显著,且随着分位数的提高,房东的房源数量对房源的定价产生的影响更大,在0.9分位数上,房东的房源数量每增加1个,则房源的住宿定价上升2.6%。军等(Jun et al.,2015)将房源数量为1的房东定义为业余房东,将房源数量大于1的房东定义为专业房东。本节以此为基础,对专业房东按照房源数量进一步细分,分为3类不同的专业房东:小规模房东、中规模房东和大规模房东(见表11)。由于专业房东的房源数量对于专业酒店的客房数量来说,仍然较少,因此,在本研究中,共享短租平台上的专业房东并不存在规模经济。

表 11　房东类型划分

房东类型	业余房东	专业房东		
		小规模房东	中规模房东	大规模房东
房源数量(个)	1	2—5	6—10	10 以上

将房源数量 rooms 设为虚拟变量,房源数量为业余房东的作为参照组,将其他数量的规模用户的定价与业余房东作为对照,考虑其他影响定价的相关因素,建立多元回归模型:

$$\ln price = \beta_0 + \beta_i X_i + \varepsilon_i$$

$X=$（rooms、ln hotelp、ln hnum、accom、cook、icebox、cert、

　　ln order、ln comments、allscore、ln sprice、ln distance、

　　ln photo、ln area、guest、type、bed）

一、回归结果

通过进行稳健性回归,结果如下:

表 12　稳健性回归结果

	(1)	(2)	(3)	(4)	(5)
房东类型					
2.rooms1	−0.038 8 (0.027 5)	−0.043 3* (0.024 8)	0.035 4 (0.024 9)	0.034 5 (0.028 1)	0.034 4 (0.024 2)
3.rooms1	−0.072 0** (0.028 2)	−0.098 9*** (0.025 8)	0.045 3* (0.026 5)	0.032 3 (0.029 8)	0.057 3** (0.025 5)

续 表

	(1)	(2)	(3)	(4)	(5)
4.rooms1	−0.073 1^{**}	−0.111^{***}	0.103^{***}	0.072 4^{**}	0.081 5^{***}
	(0.030 4)	(0.027 6)	(0.029 7)	(0.032 4)	(0.027 4)

专业平台影响因素

	(1)	(2)	(3)	(4)	(5)
ln hotelp	0.283^{***}	0.343^{***}	0.327^{***}	0.280^{***}	0.200^{***}
	(0.036 2)	(0.033 3)	(0.031 9)	(0.032 7)	(0.027 5)
ln hnum	0.048 4^{***}	0.032 8^{***}	0.049 6^{***}	0.053 2^{***}	0.008 88
	(0.008 02)	(0.007 48)	(0.007 29)	(0.007 60)	(0.007 80)

房源类型及配套设施

	(1)	(2)	(3)	(4)	(5)
1.accom1		0.430^{***}	0.501^{***}	0.501^{***}	0.119^{***}
		(0.014 3)	(0.015 4)	(0.015 1)	(0.022 5)
1.cook1		0.109^{***}	0.113^{***}	0.105^{***}	−0.002 82
		(0.015 6)	(0.015 3)	(0.016 1)	(0.014 1)
1.icebox1		0.066 8^{***}	0.091 7^{***}	0.094 3^{***}	0.030 8[*]
		(0.019 7)	(0.019 0)	(0.020 1)	(0.017 9)

房东特性

	(1)	(2)	(3)	(4)	(5)
1.cert1			0.119^{***}	0.120^{***}	0.063 8^{***}
			(0.020 8)	(0.022 7)	(0.020 3)
ln order			−0.081 7^{***}	−0.143^{***}	−0.098 3^{***}
			(0.004 84)	(0.014 4)	(0.013 1)

消费者评论

	(1)	(2)	(3)	(4)	(5)
ln comments				0.079 9^{***}	0.023 7^{**}
				(0.012 7)	(0.011 6)
allscore				0.180^{***}	0.129^{***}
				(0.021 2)	(0.018 3)

续 表

	(1)	(2)	(3)	(4)	(5)
房价及区位					
ln secp					0.266*** (0.026 6)
ln distance					0.019 1** (0.007 49)
房源特点					
ln photo					0.186*** (0.013 0)
ln area					0.292*** (0.019 1)
guest					0.071 3*** (0.010 3)
type					0.002 42 (0.001 84)
bed					−0.015 7 (0.017 5)
_cons	3.829*** (0.253)	3.079*** (0.231)	3.161*** (0.221)	2.651*** (0.246)	−0.830** (0.399)
city	control	control	control	control	control
N	5 388	5 388	5 388	4 556	4 556
R^2	0.178 5	0.329 0	0.369 6	0.426 7	0.591 2

注：括号中代表标准误差。* 表示 $p<0.1$，** 表示 $p<0.05$，*** 表示 $p<0.01$。

通过逐步添加控制变量，具有一定规模房源的房东的房源定价要比散户高，特别是加入专业平台影响因素、房源类型及配套设施、房东特性、消费者评论、房价及区位、房源特点等控制变量后，可以看出，专业房东房源的定价显著地比业余房东的房源定价高。具体来看,房源数量在 2—5 个的小规模房东的房源住宿价格要比业余房东高出约 3.4%,但是结果不显著;房源数量在 6—10 个的中等规模房东的房源住宿价格比业余房东高出约 5.7%;而房源数量超过 10 个的大规模房东的房源住宿价格比业余房东高出约 8.2%。可以看出,在同等条件下,专业房东房源的住宿价格比业余房东房源的定价要高。专业房东房源规模越大,房源的定价越高。由于专业房东专门从事共享短租职业,对其房源的定价明显高于业余房东。此外回归结果也可以看出,专业酒店的价格对短租平台的定价影响依然显著为正(0.2)。

二、边际效应分析

通过以上分析可以看出,专业房东对房源的定价明显高于业余房东,在专业房东中,大规模房东的定价明显高于小规模和中规模的房东。房源规模越大,则房东对房源的定价越高。对这 4 类房东房源的平均定价进行边际效应预测,可以得到这 4 类房东房源住宿定价的预测边际值,如图 3 所示:

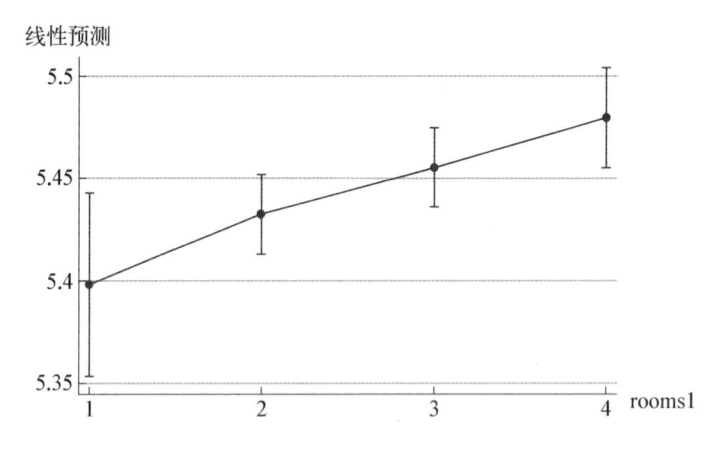

图 3　4 类房东的房源住宿定价的预测边际值

注:95% 置信区间 rooms1 的调整预测。

可以看出,在其他变量取均值时,业余房东的房源定价预测边际值为 5.4,专业房东中,小规模房东房源定价的预测边际值为 5.43,中规模房东房源定价的预测边际值为 5.46,大规模房东房源定价的预测边际值 5.48。因此,大规模房东的定价明显高于业余房东和中、小规模的专业房东。

房源类型有两种,一种是独立单间出租,即和房东或其他房客合住一套房屋,这类房源"共享"的特点更明显;另一种是整套出租,即房客独立拥有一套房源。在不同的房东类型下(业余房东及专业房东),将这 2 类房源的住宿价格的预测边际值的差值进行比较,具体如图 4 所示:

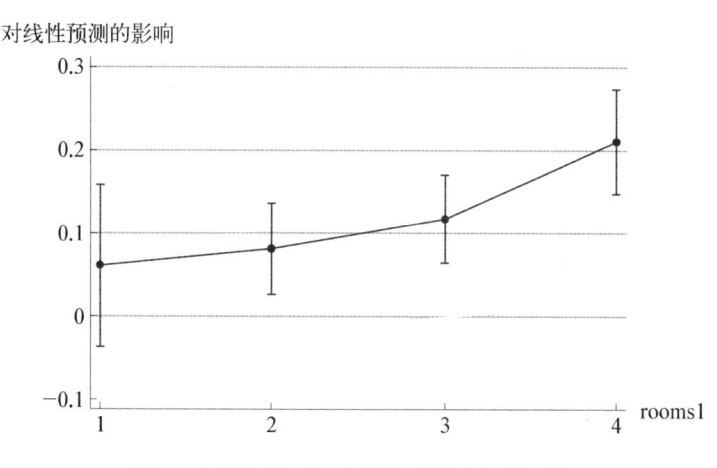

图 4　2 类房源的住宿价格预测边际值差值

注:线段表示 95% 置信区间。

可以看出,对于业余房东,整套出租的房源住宿价格的预测边际值与独立单间的预测边际值差值最小,为 0.06;而对于大规模专业房东,整套出租的房源住宿价格的预测边际值与独立单间的预测边际值差值最大,为 0.21;小规模的专业房东的整套出租房源住宿价格的预测边际值与独立单间的预测边际值差异大体与业余房东相持平。故对于业余房东,其房源不管是独立单间出租还是整套出租,定价差异不明显,也更说明了他们对于闲置房源的低定价和低回报。而随着专业房东房源规模的扩大,他们对整套出租房源的定价明显大于独立单间出租的专业房东的定价。这主要是因为整套出租的房东的专业性更强,专门从事这一商业活动的特性更明显,因此对房源的定价及回报要求更高。

三、稳健性检验

在小猪民宿网站上,有些房东标识了自己的职业,有些房东显示是职业房东。对显示房东职业的209套房源进行回归,将房源数量(rooms)与职业是否专业房东(i.profe1)产生交互项 i.profe1 * rooms,再次进行回归可以得到以下回归结果(见表13)。

表 13 稳健性检验结果

变量	(1) 系 数	标 准 误
房东类型		
1.profe1	−0.468	0.318
rooms	−0.105	0.127
1.profe1 * rooms	0.246*	0.143
控制变量		
lnhotelp	0.080 1	0.196
lnhnum	0.084 7	0.054 1
1.accom1	−0.277*	0.146

续 表

变 量	(1) 系 数	标 准 误
1.cook1	0.102	0.069 9
1.icebox1	0.046 1	0.110
lncomments	−0.012 6	0.027 5
lnsecp	−0.051 3	0.276
lndistance	0.040 9	0.042 8
lnphoto	0.059 2	0.058 6
area	0.618***	0.083 6
guest	−0.054 8	0.052 0
type	0.019 7	0.016 9
bed	0.159*	0.085 8
_cons	2.913	2.532
city	control	
N	209	
R^2	0.633 6	

注：* 表示 $p<0.1$，*** 表示 $p<0.01$。

将含有房东职业的209个样本房源进行回归，并使用交叉项 1.profe1 * rooms，从稳健性检验结果可以看出，专业房东的房源数量越多，其房源的定价比非专业房东的房源定价越高(0.246)。通过这个样本的回归结果也可以看出，越是专业房东，其房源越多的话，对房源的定价比非专业房东越高，这也进一步支持了总体回归中的结果。

175

四、专业房东房源定价较高的原因

通过分析可以看出房源数量较多的房东的房源定价相对较高,主要由于以下几方面原因:

(一)房客端自网络效应的存在

共享短租平台是典型的双边平台,除了两边用户的交叉网络效应,在入住的房客端还存在同边的自网络效应。正的自网络效应,指双边平台一边的用户数量越多,越会吸引更多的同边用户的加入。由于专业的房东的房源较多,因此房源获得的订单和点评数量较高,已经入住过的房客对房源的点评越积极、对房源的打分越高,则房源越优质,那么,房东对房源的定价也较高,可以吸引更多的房客的入住。通过对一定数量的房源的点评内容进行实际观察,确实发现具有一定规模的房东的房源点评更积极,房源打分也更高。因此,房客端自网络外部效应的存在会使房源数量较多的专业房东的定价明显高于散户的定价。

(二)专业房东的专业时间投入及精细化运作

房源数量较多的房东大多是专业从事共享短租活动的。从实证结果可以看出,不同规模的专业房东的定价都明显高于仅有1个房源的业余房东。当房东专门从事共享短租时,由于机会成本的存在,专业房东为了覆盖其投入成本,对房源的定价会相对较高。此外,由于专业化从事这一服务,房东对房源的装潢等进行了更加细致的设计和改造,房源的装潢也比较精致和考究,实际的投入成本也较高,因此,规模化房东对房源的定价相对散户也会更高。

(三) 业余房东的粗放化经营及低回报要求

业余房东的房源数量为 1 个时,闲置资源的性质较高。这部分房源具有共享经济发展最初阶段的特征:闲置资源的再利用。由于资源是闲置的,而且房东也大多是兼职从事这一行业,对房源的装潢没有投入更多的精力和财力,房源的装潢比较简单,房东投入的成本相对较低,对于这一商业活动的回报要求也相对较低,因此,其房源的定价也比专业的、规模化房东的房源低。

本章对小猪民宿网上 10 个城市的 5 388 个房源数量为样本数据进行分析。首先,对数据进行描述性统计性分析。其次,通过 QR 的方法分析房源的住宿定价影响因素,进一步发现影响共享短租平台整体定价的因素及对不同房源的定价水平。通过研究定价影响因素,也分析出共享经济的一些特点,特别是来自专业平台方面的影响。最后,从房东的特征出发,根据房源的规模将房东划分为业余房东和专业房东,将专业房东进一步分为小规模、中规模和大规模专业房东,通过实证分析和稳健性检验,对不同类型房东的房源定价因素进行分析。我们得到以下结论:

第一,共享短租平台上,与房东或房客同时共享空间的闲置资源越来越少,整套出租的房源比例升高。共享短租平台上独立单间的比例逐渐下降,而整套出租房源的比例逐渐升高。这说明在供给端,真正是闲置资源、房东与房客共享空间的房源比例在下降;在需求端,与房客或者房东共享空间的需求也越来越少。

第二,在供给端出现了提供非闲置资源的专业房源供给者,其拥有的房源数量相对较多。从所获得样本数据来看,房东的房源数量最少是 1 个,最多是 75 个,拥有 1—2 个房源的房东数量仅占 18%,较之前的统计下降明显,而房源在 5 个以上的房东数量占比从 29% 上升到 36%。而且,自由职业和职业房东的占比也很高,其拥有的平均房源数量也较多。

第三，共享经济平台与专业平台存在明显的竞争关系。通过实证结果可以看出，专业平台上酒店客房的定价对共享短租平台上房源的定价产生正向影响，这说明这两类平台在供给端存在激烈的竞争关系，特别是经济型的民宿和酒店间的竞争更激烈。

第四，与房东或房客共享一套房屋的独立单间的定价明显低于整套出租的房源，这反映了共享经济中闲置资源低价格、低回报的要求，而且低分位点的房源中，能做饭的房源的定价明显高于不能做饭的房源。这也说明了共享短租平台可以为经济型住宿的房客节约一定的旅行成本，这类用户也更在乎这一配套设施。此外，照片数量多的房源的定价更高，这说明多样化、差异化是房源定价的一个重要因素。

第五，专业房东的房源定价较高，也反映了其回报要求高的特点。将不同房源数量的房东进行分类，主要分为业余房东和专业房东，其中，专业房东又分为小规模、中规模和大规模三类。通过对房源的住宿价格的影响因素进行实证分析，专业房东房源的住宿定价显著超过业余房东的房源定价，而且房东拥有房源的数量越多，其房源的价格越高；拥有大规模房源的房东的住宿定价高于中小规模房东。因此，相比业余房东，具有一定规模房源的专业房东其对房源的定价较高，这主要是由于专业房东的房客端的自网络外部效应、专业房东的投入成本和回报要求较高，以及业余房东的闲置资源低回报要求等引起的。

第六，对共享短租平台的房源定价进行分位数回归，不同价位房源的房东在定价时，可以根据各个因素的影响程度和显著性，采取合理的定价方法。表14列出了房东可以主观调整的影响因素，这些影响因素对于不同价位的房源的定价影响程度不一，房东可根据房源所处的价位进行合理定价。以低价位房源为例，房东应该注重消费者的评论、照片数量、房源面积等对其定价影响最大的因素，同时也不应忽视订单数量、消费者打分以及可容纳房客数量等因素；而高价位房源的房东应该重视房源数量、房源面积和可容纳房客的数量等对其定价影响最大的因素,另外还应重视订单数量、消费者打分、照片数量等因素的影响。

表 14 部分影响因素对不同价位的房源定价的影响程度

影响因素	不同价位的影响程度				
	低价位	中低价位	中价位	中高价位	高价位
房东是否实名认证	(——)	(+)一般	(+)最大	(+)最小	(——)
房东的房源数量	(——)	(+)一般	(+)最小	(+)较大	(+)最大
订单数量	(-)一般	(-)较大	(-)最大	(-)较小	(-)最小
消费者评论数量	(+)最大	(+)较大	(+)较大	(+)最小	(——)
消费者打分	(+)较小	(+)最大	(+)一般	(+)较大	(+)最小
照片数量	(+)最大	(+)较大	(+)较小	(+)一般	(+)最小
房源面积	(+)最小	(+)较小	(+)最大	(+)较大	(+)一般
可容纳房客数量	(+)较小	(+)较大	(+)最小	(+)一般	(+)最大

注:"+"代表显著的正向影响,"-"代表显著的负向影响,"——"代表不显著的负向影响。

第五章 | 共享经济平台的发展建议

- 第一节　共享经济平台与用户关系
- 第二节　共享经济平台出现的问题
- 第三节　共享经济平台的监管现状
- 第四节　共享经济平台的创新发展建议

第五章 | 共享经济平台的发展建议

共享经济的产生和发展给人们的生活带来了诸多便利和不一样的用户体验,创造了新的就业,满足了消费者不同的消费需求,在前文分析中,我们也可以看出在发展成熟阶段,共享经济平台在一定条件下可以带来更多的社会福利。但是共享经济的发展也仅仅只有 20 多年的时间,在飞速发展的过程中,会暴露出一些缺陷,共享经济平台同样出现了很多问题。本章将对共享经济平台在发展过程中出现的问题进行梳理,特别是定价问题,分析目前国内外监管现状,结合本研究得出的结论,对共享经济平台的发展从平台和政府层面提出相应的发展建议。

第一节 共享经济平台与用户关系

共享经济的商业模式还可以从平台与用户关系来划分,不同的关系也会导致其对用户的控制力度不同,共享经济平台所出现的问题也不尽相同。

共享经济发展的最初阶段,采用双边平台模式的共享经济平台的供给端都是将闲置物品拿来共享的非专业供给者,如最初的 Airbnb 和 Uber。这些供给者是非专业、非全职在该共享平台进行"共享"交易的。但是随着共享需求的不断增加,在供给端出现了专业的供给者,Airbnb 平台上出现了拥有十几套甚至几十套房源的专业房东;Uber 平台上也出现了每天工作超过 8 小时的专职司机,因此,供给端与共享经济平台之间的关系也逐渐发生变化。

根据平台与供给端用户的关系,从供给端自主定价能力、供给端是否存在"专业"(即非兼职)供给者这两个维度进行分析,大体可以将共享经济平台的商业模式分为 4 类:相对自主型、关系对等型、平台掌控型、依赖平台型。

一、相对自主型

这种商业模式主要指在共享经济平台上供给端用户和平台之间的关系相对平等,供给端用户可以对自己提供的共享物品进行一定的自主定价,具有一定的自主性,但是在供给端也存在一定的专业供给者,因此对共享经济平台也存在一定的依赖性。这类平台上的供给者具有相对自主性,平台采用的商业模式是用户自主定价,平台抽取一定的佣金,但同时存在专业供给者,这类供给者对平台的依赖性较强。共享短租平台,如Airbnb、小猪民宿、蚂蚁短租等都属于相对自主型的共享经济平台。

二、关系对等型

这种商业模式下共享经济平台与供给端用户的关系是对等的,供给端不存在专业的供给者,仅仅是利用闲置时间或资源提供服务的供给者;供给者对其提供的共享物品进行自主定价,平台不参与定价,仅仅充当两边用户的桥梁纽带,从供给端或者需求端收取一定的服务佣金。这种模式是比较典型的平台经济的商业模式,用户与平台之间的关系是对等的。比如,共享医疗平台,包括好大夫在线、春雨医生、平安好医生等。平台上进行诊疗服务的医生在不同的医院拥有正式的工作,在共享医疗平台上问诊只是利用"业余"时间提供诊疗服务,不是这个平台上的专职的供给者;同时医生对其提供的问诊服务进行自主定价,收取合理的问诊费,共享医疗平台收取一定的佣金。

三、平台掌控型

这类共享经济平台对用户的掌控能力较强,在这种商业模式下,供给端对其提供的共享物品或服务不能进行自主定价,而是平台进行统一定价;供给端存在专门在平台上提供服务的"专业"供给者,这类供给者是全职的,对平台的依赖性较强。因此,这类平台对用户的掌控强度较大。平台对供给端的物品或服务进行统一定价,并利用算法对订单进行系统派单,供给端用户较被动。共享出行平台、共享服务平台一般属于这种商业模式。比如,滴滴出行的快车、专车服务,美团打车、饿了么、美团外卖等。这些平台上都存在一定比例的专业供给者,平台对这些供给者提供的共享服务进行统一定价、统一派单,平台对用户的管控程度较强。

四、依赖平台型

这类商业模式下供给者依然没有自主定价的能力,平台进行统一定价,但是这类平台上的供给者大都是业余、兼职的,不存在专业的供给者。因此,平台对用户的管控性相对较弱。但是由于平台进行统一定价,供给端用户对平台又存在一定的依赖性。共享出行平台中的顺风车业务就是这种商业模式,比如,哈罗顺风车、滴滴出行顺风车等。

	供给端是否存在"专业"供给者 是	否
供给端是否自主定价 是	**相对自主型** 共享短租平台 Airbnb、小猪短租、蚂蚁短租	**关系对等型** 共享医疗平台 好大夫在线、春雨医生、平安好医生
否	**平台掌控型** 共享出行平台 滴滴出行快车、专车,美团打车 共享服务平台 饿了么、美团外卖	**依赖平台型** 共享出行平台 哈罗顺风车、滴滴出行顺风车

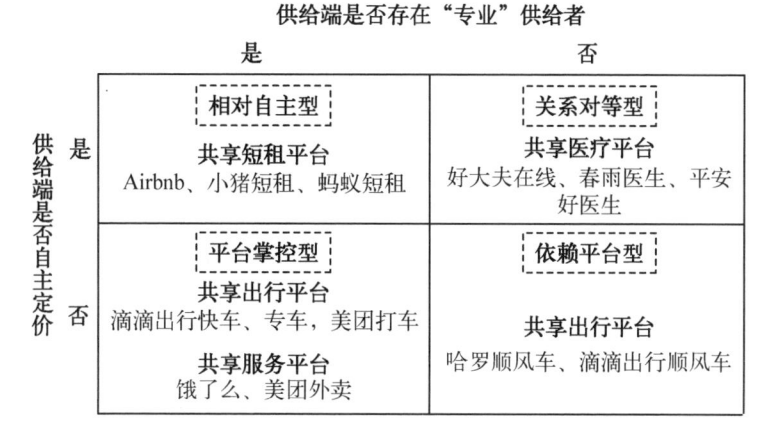

图 1 共享经济平台的不同商业模式

可以看出,共享经济的商业模式从不同的维度出发,可以有多种类型。从供需两端是否存在共享的角度出发,可以分为仅在需求端存在共享的商业模式、在供需两端均存在共享的商业模式;从平台与供给端用户关系的角度出发,又可以分为相对自主型、关系对等型、平台掌控型和依赖平台型。不同的商业模式下,共享经济都表现出不同的特点,也带来不同的问题。

第二节　共享经济平台出现的问题

一、以"共享"为噱头,内涵不足,赢利模式不明确

虽然本研究对共享经济的分析主要侧重于双边平台型的共享经济平台,这类平台不购买供消费端进行"共享"的物品或服务,属于轻资产运作的平台。但是从广义的共享经济来说,既包括轻资产运作的共享经济模式,也包括重资产运作的商业模式,比如,共享单车、共享办公属于重资产运作的共享经济平台。除了这些,共享单车、共享雨伞、共享篮球、共享KTV、共享马扎、共享按摩椅等在2016年左右也陆续出现。但是这些以"共享"为噱头的共享平台在盲目进入市场的时候,由于缺乏对其赢利模式的思考,往往导致过度的市场进入和资源的浪费。而且同一行业的共享经济平台同时进入市场时,通常采用低价策略进行用户的争夺。以共享单车为例,各平台在进入该市场时,采用的就是低价策略,原本每30分钟0.5元左右的价格已经很难覆盖其成本,但是为了与竞争对手争夺消费者,各共享单车平台不断推出抢红包、月卡、季卡等优惠活动,这样的低价使消费者确实感受到了实惠,可是在不断融资、不断烧钱的过程中,恶性的低价竞争会使共享单车平台的投资者看不到平台的赢利方式。

2017年,共享单车类的平台企业有十几家的品牌,如摩拜、ofo、小鸣单车等。它们靠的是一轮又一轮的融资,当投资人不再投资时,大部分共享单车企业便不能维持下去。联合办公企业也存在这类问题,全球最大的联合办公企业WeWork在2018年8月的估值为350亿美元,2019年9月的估值更是到了470亿美元,但是在当年10月1日,WeWork的母公司We Company已正式撤回美国上市申请,推迟原定于2019年内的上市计划。当时的招股书显示,2019年上半年,WeWork的营收为15.4亿美元,净亏损超过9亿美元。而2018年上半年的营收为7.64亿美元,净亏损7.22亿美元,因此,通过数据也可以看出WeWork作为全球最大二房东,通过空间共享的方式确实为消费者带来了很多便利,但是其赢利模式仍然存在很大的问题。2023年11月,WeWork申请破产保护,市值仅为4 450万美元。对于轻资产运作的共享经济,也存在这方面的问题,2019年Uber第三季度的业绩分析中显示,净亏损达11.62亿美元,较上年同期的净亏损9.86亿美元有所扩大。国内共享出行平台滴滴出行也存在同样的问题,数据显示滴滴出行从2012年成立到2018年,6年亏损了390亿元,其中2018年上半年整体亏损超过40亿元。可以看出,共享经济在发展的过程中,一直面对的问题是平台如何赢利的难题。

二、过度竞争造成资源的浪费及公共秩序的紊乱

过度竞争问题主要存在于共享单车和网约车(共享出行)平台。这两种共享经济方式都和人们的出行相联系,而且占用公共资源。由于太多的共享单车需要停车的场所,共享单车企业管理不完善,对停车场所没有规划,以及车辆运营的不完善,共享单车乱停乱放情况屡见不鲜,给城市管理、城市交通、城市形象带来了很大的负面影响。

同时,双边平台由于中间平台的存在,可以不断拓展新的"边",由"双

边市场"变成"多边市场",共享经济平台也开始由双边向多边发展,在平台向多边发展的过程中,也会出现竞争,同时造成一定的资源浪费和消费者福利的降低。以美团和滴滴为例,2017年2月,美团点评在南京上线打车业务;2018年1月12日,美团打车开始在国内7个城市运营,并启动"美团打车用户报名"活动。美团打车大量招募司机,与滴滴出行掀起了补贴大战,但是由于过于注重扩张速度,美团在司机招募的过程中,有大量外地、超龄的不合规车辆加入;套牌、人车不符合的情况也相当严重;存在司机刷单的情况;还有用户反映曾多次出现未到达目的地,司机强制要求乘客下车等损害消费者利益的情况。2018年3月6日,滴滴出行上线滴滴外卖。首批上线的有9个城市,开始与美团、饿了么等外卖平台抢夺市场份额,一时间各大外卖平台在无锡掀起了补贴大战,同时商户上线滴滴外卖,而被美团外卖及饿了么下线的相关消息不断被曝出,引发了无锡的外卖混战,这也引起了相关部门的关注。当年4月11日,江苏省无锡市工商局正式约谈美团外卖、饿了么、滴滴外卖,勒令外卖平台停止商户"二选一"等不正当竞争和垄断行为。三家外卖平台的代表也表示,遵守相关部门的约谈要求,维护无锡当地外卖市场的秩序。

三、出现赢家通吃,单个平台市场实力较强的局面

共享经济平台具有双边市场的特性,交叉网络外部性。指平台一边的用户接入规模对另一边的用户规模产生的正的效应,即平台一边的用户规模越多,越可以吸引平台另一边的用户加入该平台,反之亦然。因此,容易导致平台一家独大,出现赢家通吃的局面。国内最初有两家共享出行平台:滴滴和快的。起初,两个平台也通过不断地烧钱、补贴大战进行竞争;后来,滴滴于2015年2月14日宣布与快的合并;2016年8月1日又收购了优步中国。2017年,滴滴在专车市场的占有率达到了92.5%。自

此，在共享出行平台只有滴滴打车这一巨头企业。2018年8月，乐清滴滴司机奸杀女乘客事件后，滴滴出行在2018年9月8日至14日暂停了深夜服务，其间出现了打车难、黑车漫天要价等情况。可以看出，滴滴出行的垄断地位已经对出行市场造成了很强的市场支配权力。而在国外市场上，Uber的市场份额也相对领先，招股说明书中显示Uber在北美市场的份额为65%；截至2023年9月，Uber占美国出行市场的份额为74%。

一般来说，平台只是中间角色，供给端的用户对自己提供的产品或服务拥有自主定价权，共享经济平台对两边用户收取服务费。一般的共享经济平台也同大多数的平台一样不参与平台上产品或服务的定价，但是共享出行平台却是平台对打车的费用进行定价。Uber的定价方式采用的是峰时定价。峰时（动态）定价依赖于频繁的价格调整以使供需平衡。这一机制有时会被用于设置高速公路的通行费（为保证交通顺畅，通行费因需求而上涨、下调），或者用于调整电力市场的能源价格。滴滴出行的定价策略也是基于算法进行动态定价，而且由原来的司机抢单模式变成了派单模式，司机的主动权由此丧失了。Uber和滴滴出行平台上的司机的议价能力很弱。这对司机的福利也产生了一定的损害。可以看出，这种赢家通吃的局面，容易造成该共享经济平台滥用市场支配地位，损害消费者和司机的福利，造成整体社会福利的降低。

四、供给者与平台的关系、责任界定问题

通常情况下，平台型企业的特点是连接两边用户，为平台两边用户提供服务，从而促成某项交易的完成，平台从中收取一定的服务费。一般来说平台的供给端和需求端用户和平台不存在一定意义上的雇佣关系，平台仅是维系两方的中间角色。共享经济平台也是典型的双边平台，按照平台与供给端用户关系的分类，可以看出，在平台掌控型商业模式下，共

享经济平台与供给者的关系最为紧密,平台对供给者的掌控能力最强。如共享出行平台是由平台制定打车的价格,滴滴出行也已经从司机抢单变成平台向司机派单。外卖平台饿了么、美团外卖的运作模式也采用同样的模式:平台统一定价,系统自动派单。平台上"外卖小哥"的主动权较弱,并且平台对时效性要求高,对"外卖小哥"的考核较严格。可以看出,这类平台与共享经济服务供给者的关系更为紧密,平台对用户的掌控程度较强,更像是一种"雇佣"关系。因此,平台与供应者之间应该有相应的责任划分。

此外,由于共享经济平台的供给端出现了专业的供给者,如在相对自主型、平台掌控型两类共享经济的商业模式中,供给端存在专业、全职的共享资源提供者。他们与共享经济平台的关系与一般的非专业、业余用户也不尽相同,而对于这类平台与用户之间的关系划分问题,目前尚未进行明确的身份、责任界定。

五、平台两端用户的信息安全、资金安全及人身安全问题

信息安全问题是互联网平台普遍存在的一个问题,共享经济平台也存在这样的问题。两边用户接入平台及交易时,平台拥有了大量的数据,这些用户信息,一旦被非法利用将会造成严重的后果。另外,在共享单车风靡的时候,用户向共享单车企业支付了一定数额的押金,而当共享单车企业濒临破产时,出现了押金难退的情况,使用户的资金受到损失。

共享经济中的交易行为需要与用户进行正面接触。因此,共享经济平台用户的人身安全问题尤为突出。以共享出行和共享短租平台为例,近几年出现了一系列用户安全问题的悲剧。2018年4月,美国有线电视新闻网(CNN)统计结果显示,在过去的4年里,共有103名Uber司机因涉嫌性侵或辱骂殴打乘客而被逮捕或提起诉讼。2019年12月,Uber发

布的首份安全报告中显示,2017—2018 年共发生 464 起强奸案,仅 2018 年就有 235 起强奸案,平均每周发生 4 起。2018 年 8 月 24 日,发生了乐清滴滴司机奸杀女乘客的案件;2019 年 5 月,郑州空姐使用滴滴打车顺风车时遇害。2017 年 10 月,Airbnb 澳大利亚房东杀害租客案也引发了大家对共享短租平台安全问题的担忧;2019 年 5 月,在 Airbnb 中国青岛的一家民宿中,租客发现房东在路由器中安装了针孔摄像头。可以看出,共享经济在充分利用闲置资源、为平台两边用户提供便利、满足不同用户体验需求的同时,也存在用户人身安全的隐患(见表 1)。

表 1　近几年共享经济平台发生的用户人身安全事件

时　　间	涉及平台	事　　件
2014 年 12 月	Uber	印度新德里一名 26 岁女生深夜搭乘 Uber 时被司机强奸
2015 年 4 月	Uber	美国休斯敦 Uber 司机因强奸一名醉酒的女乘客而被捕
2017 年	Uber	马来西亚一名 Uber 司机抢劫孕妇,导致孕妇流产
2018 年 4 月	Uber	美国 14 名受 Uber 司机性侵或骚扰的女乘客,联名发出公开信,表明她们已向司法部门发起集体诉讼,并要求法院公开审理
2018 年 4 月	滴滴出行	疯蜜创始人张桓发文称乘坐滴滴快车时被司机殴打,导致眼部软组织挫伤
2018 年 5 月	滴滴出行	21 岁空姐在乘坐滴滴顺风车时遇害
2018 年 8 月	滴滴出行	温州乐清女孩乘坐滴滴顺风车时被司机强奸并杀害
2017 年 2 月	Airbnb	中国台湾 Airbnb 平台上一家民宿的烟雾感测器中藏有针孔摄像器
2017 年 10 月	Airbnb	澳大利亚的 Airbnb 房东因房客交不起房租而将其杀害
2019 年 5 月	Airbnb	青岛 Airbnb 的一家民宿中,租客发现房东在路由器中安装针孔摄像头
2019 年 11 月	Airbnb	美国加州的 Airbnb 出租屋中发生致命枪击案,导致 5 人丧生

第三节　共享经济平台的监管现状

一、国外监管现状

美国是最早出现共享经济的国家。共享经济的代表平台 Zipcar、Uber、Airbnb、WeWork 都诞生于美国。美国也是最早开始探索对共享经济进行监管的国家,对共享经济的监管主要从联邦政府和州政府层面展开。联邦政府从宏观层面对共享经济进行确切的定位,对共享经济的态度从保守观望、摸索前行,向积极支持转变,美国联邦贸易委员会(FTC)负责开展和监管与共享经济有关的工作。2016 年 11 月,FTC 表明了联邦政府对共享经济积极支持的态度。他们认为共享经济不仅扩大了资源使用率,而且增添了创新性产品和服务的供应,共享经济的存在使消费者能够享受到更便捷的服务。2016 年 10 月,美国联邦第七巡回法院对芝加哥出台的有关交通运输网络提供者(TNP)的监管规章予以规定,宣称 Uber 和 Lyft 等平台不需要接受类似出租车的价格监管,司机也不需要获得出租车经营牌照。这说明联邦政府认为网约车(共享出行平台)与传统的出租车不同,对于传统的出租车监管模式并不适用于对网约车的监管,这两种不同的出行方式应实行差别对待。

州政府对共享经济的监管主要是具体法律法规的实施。2015 年,美国国家城市联盟(NLC)对美国 30 个大型城市共享经济管制情况的调研数据显示:仅有 9 个城市对共享经济持完全积极支持的态度,其余 21 个城市对共享交通和共享房屋领域存在模糊的态度。另外,有一半的城市已着手拟定新的监管政策,但仍有 40% 的城市对共享经济采取传统的管制模式。监管模式主要有三种:鼓励平台进行自我监管、委托共享经济平台监管、平台和政府合作监管。自我监管模式主要以共享短租平台 Airbnb 为代表。由平台拟定房客和房东的准入规则,房客的评价监管系统及房东的评价监管系统互相监督与制约。自我监管模式可以对共享短租平台的发展起到很好的调节作用。委托共享经济平台监管,指州政府利用共享经济平台的大数据,并赋予共享经济平台一定的监管权,委托平台代其征税。从立法角度看,2014年底,旧金山政府通过立法提出住宿领域的管制规定,成为全美第一个以立法形式承认共享住宿合法地位的州。法规提出,由共享短租平台Airbnb向房东代收14%的酒店税。其他州政府也陆续效仿该监管措施。截至2016年6月,Airbnb已向美国23个地区的政府代收税款。合作监管的方式最早出现在共享出行领域。2013年,美国加州公共事业委员会为了排除Uber、Lyft等共享出行平台上的"黑车",专门设立了交通网络公司。加州政府对车辆和驾驶员设立了一系列准入标准、运营要求及保险责任要求等,各网约车平台自行监管司机的准入、车辆的运营及其他日常事务,形成了政府与平台合作监管的模式。

  国外其他共享经济发展较快的国家对共享经济平台也有不同程度的监管。Uber进入英国伦敦时,伦敦并没有创建新的监管制度。Uber于2012年5月,在伦敦获得预约出租车经营牌照,作为网约车纳入1998年出台的《约租车法案》的监管范畴,伦敦交通局及其下属的公共运输办公室负责监管工作。2016年9月,伦敦政府宣布不再给Uber等网约车公司发放新的营业牌照,因为Uber存在3个重要问题。一是在2015年发生的3起重大刑事案件中,Uber没有尽到报告的责任;二是平台上的司机必须有医疗和无犯罪证明;三是Uber使用的Greyball等软件存在躲避监管部门调查的问题。对于劳工保护问题,2016年10月,伦敦的劳动法庭做出裁决,认定Uber的网约车司机属于Uber公司的雇员,有权享受最低工资、带薪休假等雇员应有的福利。Uber此后一直就此裁决进行上诉。2019年11月,英国伦敦交通监管机构宣布,由于Uber的运营模式对乘客的安全存在一定的隐患等重大问题,不再继续向Uber发放运营牌照。

  2014年2月,荷兰阿姆斯特丹通过立法实现了对共享经济领域的

Airbnb类家庭酒店的监管,这是世界首个共享短租领域的立法法案。2014年英国成立了英国共享经济(SEUK)机构,这是一家与政府合作紧密的独立机构,采用会员制形式。成员包括共享短租平台Airbnb,该机构负责新加入公司的人员培训、保障消费者交易安全及处理投诉建议等工作。因此,可以将SEUK理解为一个规范及监管共享经济的行业平台。2017年6月,澳大利亚的司机工会共享出行司机联盟要求Uber给予司机正式员工而非分包商的地位,并享受雇员的相关福利待遇。应工会请求,澳大利亚劳动力监管机构公平工作调查专员署(FWO)启动对Uber用工方式的调查,重点审查Uber是否违反澳大利亚劳动法。2015年12月,澳大利亚新南威尔士州交通部门宣布更新过时的交通监管规则,提出了重要的变革举措:一是在拿到许可证、完成司机背景审查、通过司机和车辆安全检查,以及购买第三方强制保险后,共享出行的企业和司机才可以合法运营。另外,引入援助方案缓解共享出行给传统出租车牌照持有者造成的重大影响。2016年3月,澳大利亚竞争和消费委员会发布了《共享经济的指引》,认为共享经济给传统业态带来了客观冲击,尤其是共享出行的发展打破了长期以来难以满足用户需求、过度监管又反对竞争的出租车的商业模式,因此,协调新旧业态的矛盾成为监管变革的重点。2018年,澳大利亚新南威尔士州相关法规首次规定,悉尼业主通过Airbnb、Stayz等平台短租房产时,每年的出租天数不得超过180天。这项最严厉的法规受到共享租房行业及平台业主的广泛欢迎。日本对共享经济的监管主要体现在将民宿经济纳入GDP核算中,2018年6月,日本开始实行民宿新法《住宅宿泊事业法》,允许合法的Airbnb民宿经营。

二、国内监管现状

我国政府主要通过一些行政法规对共享经济平台予以指导和建议(见

表2)。对共享经济的态度从大力鼓励逐渐转变为审慎包容,尤其对共享出行平台的监管力度较大。由于网约车非法营运,顺风车、拼车恶性刑事案件屡有发生,特别是郑州滴滴顺风车司机杀人事件和温州滴滴顺风车司机杀人事件后,交通运输部和公安部联合在2018年9月发布了《关于进一步加强网络预约出租汽车和私人小客车合乘安全管理的紧急通知》,要求相关部门立即组织对本地运营的网约车平台公司和私人小客车合乘信息服务平台开展联合安全大检查,网约车和顺风车平台对驾驶员进行背景核查,敦促网约车平台健全完善投诉报警和快速反应机制,并且严厉打击非法营运行为。2019年8月,国务院发布《关于促进平台经济规范健康发展的指导意见》,指出要优化完善市场准入制度。意见中专门强调对共享经济要"完善新业态信用体系,在网约车、共享单车、汽车分时租赁等领域,建立健全身份认证、双向评价、信用管理等机制,规范平台经济参与者行为"。

表2 共享经济平台相关监管法规

时间	涉及领域	文件名称
2016年7月	共享出行	《网络预约出租汽车经营服务管理暂行办法》
2017年3月	所有	《关于促进分享经济发展的指导性意见》
2017年8月	共享汽车	《关于促进小微型客车租赁健康发展的指导意见》
2017年11月	共享单车	《上海市鼓励和规范互联网租赁自行车发展的指导意见(试行)》
2017年9月	共享单车	《北京市鼓励规范发展共享自行车的指导意见(试行)》
2018年9月	共享出行	《关于进一步加强网络预约出租汽车和私人小客车合乘安全管理的紧急通知》
2018年9月	共享出行	《关于开展网约车平台公司和私人小客车合乘信息服务平台安全专项检查工作的通知》
2019年8月	所有	《关于促进平台经济规范健康发展的指导意见》
2021年2月	所有	《关于平台经济领域的反垄断指南》

2016年8月,滴滴收购优步中国的消息传出后,商务部反垄断局随即在当年的8月2日、17日两次约谈滴滴出行,要求其说明交易情况、未申报原因。2017年7月,商务部明确指出已经多次约谈滴滴,并根据相关法律法规对滴滴出行和优步中国合并案依法进行调查。

我国对共享经济的管理主要以地域性管理为主。比如,共享单车进入某个城市的时候,需要向当地部门进行申报审核,经政府同意才可以进入。同时,各城市对共享单车的监管政策也是陆续发布的,以地域性文件为主,如《上海市鼓励和规范互联网租赁自行车发展的指导意见》《北京市鼓励规范发展共享自行车的指导意见(试行)》。网约车也存在这样的情况,滴滴出行、易到等共享出行平台进入某个城市之前,需要向当地政府提交各种材料进行审核,审核通过才能获得当地的网约车营业执照。当这些网约车平台进入其他城市时,仍要重新递交材料供当地部门审核,地域性监管特色较明显。

第四节 共享经济平台的创新发展建议

结合目前共享经济平台出现的问题及本书得出的结论,主要从共享经济平台层面和政府层面对共享经济的发展提出以下创新发展建议。

一、平台层面

(一)对两边用户进行合理定价,保证平台上共享资源的多样性、差异化

共享经济平台对两边用户进行定价时应充分考虑平台两端用户的特点。应对供给端的两类用户进行有效甄别,考虑闲置资源用户的交易成

本,同时对于专业的共享资源供给者要保证其提供的共享资源有较强的差异化、多样化。平台对两端用户的定价要充分考虑两端用户的交叉网络外部性的强度,对交叉网络外部性强的用户端的定价可以稍低,以此吸引另一端的用户接入平台。

共享经济平台与专业平台的区别是共享物品或服务的多样化、差异化。共享经济平台的发展需要时刻保持这一明显差异,以满足消费者的多样化需求,凸显与专业平台的差异化。共享资源差异化水平较高时,更容易吸引更多消费者的接入,平台对消费端的定价能力也相对较强,供需两端用户越能相互吸引,平台获得的盈利也会越多。因此,共享经济平台应重点利用共享资源的差异化吸引消费者,保持良性竞争,避免低价补贴等方式的恶性竞争。

(二)加强供给端用户身份审核,与政府共建个人信用体系

共享经济平台不同于一般的平台经济,不仅有"线上"用户间的非正面接触,还有"线下"用户间的直接接触。比如,共享出行平台的乘客搭乘汽车后才是一项共享经济活动的结束,而共享短租平台的房客需要入住房东在平台上提供的房源才是共享经济活动的结束,这两种共享经济商业行为都需要与陌生人接触。共享经济平台的供给者有两类异质用户,业余的闲置资源供给者(散户)和专业的共享资源供给者(小微规模用户)。相较于专业平台,这些用户大多是个体经营者,而不是专业平台上有专业资质的机构经营者,且供给端用户数量较多、较难管控。因此,供需用户在线下的接触会存在用户人身安全问题。解决共享经济存在的用户信息,甚至是人身安全问题,需要平台和政府的相互合作、共同监管。

1. 共享经济平台需要建立严格的平台准入机制

在共享经济平台不断出现人身安全的事件后,平台更应该意识到应该承担的责任,采取更严格的准入制度,对接入用户的身份信息的准确性、真实性进行全面核实,对用户进行足够的背景调查,在源头上控制用户的人身安全隐患。针对线下用户间的正面接触,平台更应该进行足够的管控。以共享出行平台为例,目前平台已经对乘客乘车的整个过程保持控制,比如全程录音、在手机应用程序上设置报警和紧急联系人等。此外,平台还应该加强两边用户的匿名评价功能,比如增设更多的评价选项,以及参与评价可以获得积分等,鼓励司机和乘客积极参与评价。通过用户间的相互评价和监督,使平台对有差评的司机或乘客给予更多的关注。评价功能也能给想要乘坐网约车的乘客提供参考。司机和乘客如果获得差评,会对其派单和乘车造成一定的影响,因此,这种平台自我监管机制可以在一定程度上保护司机和乘客的安全。对于共享短租平台,由于消费者评价打分机制已经存在,而且通过前文也可以看出,消费者评论和评分对房东房源的定价也产生显著的正向影响。与此同时,共享经济平台还应该定期对用户及共享资源进行实地检查,例如,共享出行平台应该定期对平台上的司机进行身份审核,对车辆进行安全排查,可以与交通部门合作,对司机进行定期培训;共享短租平台也应该对房东提供的房源进行定期检查和不定期抽查,及时发现房东房源的问题以及可能造成用户隐私泄露的隐患(是否安装摄像头等)。

2. 平台拥有大量的用户数据,可以与政府合作,为政府建立个人的信用体系提供一定的数据支持

《关于促进平台经济规范健康发展的指导意见》指出,政府会加快推动完善社会信用体系,"加大全国信用信息共享经济平台开放力度,依法将可公开的信用信息与相关企业共享,支持平台提升管理水平。利用平台数据补充完善现有信用体系信息,加强对平台内失信主体的约束和惩戒"。社会信用体系的建立,有助于平台在对接入的用户信息进行核准的时候,有更多的依据,保证平台另一端用户的人身安全。

二、政府层面

(一) 有效界定共享经济平台的性质、平台与用户的关系

共享经济作为一种新的经济业态,对其监管也存在更多与传统商业模式不同的地方。对共享经济平台的性质界定是监管者面临的重大问题,只有对共享经济平台的性质进行有效界定,才能根据其性质制定相应的、有效的监管政策。如共享出行平台滴滴是出租车公司,还是互联网科技公司;共享短租平台 Airbnb、途家、小猪民宿是房屋出租公司,还是互联网科技公司等,需要监管部门认真测度和考量。共享经济平台属于不同的行业领域,则对应的监管政策的也应不同。

监管部门还需要明确平台与用户的关系。共享经济平台是双边平台的一种类型。一般来说,双边平台上的两边用户与平台的关系不属于雇佣关系,平台仅仅扮演两边用户的"中间人"角色。但是,共享经济平台有其特殊性,共享经济平台上出现了一定规模的专业共享资源供给者,加之共享出行平台由原先的司机抢单模式转变为平台自行派单模式,平台的掌控能力越来越强。所以,需要明确滴滴平台与平台上接入的司机是雇佣关系还是契约关系(司机是独立分包商的角色),如果是雇佣关系,那么平台与司机的责任划分等相关问题的界定就不同于契约关系。

对于共享经济平台的监管,监管部门可以成立一个具有自律性质的平台,共享经济平台接入这个平台后,该平台对共享经济平台和从业者进行培训,以及相关法律法规的宣传等。此外,共享经济的供给端的专业供给者与平台议价的能力较弱。为了保障他们的基本权益,监管部门应该鼓励供给端成立类似"工会"性质的、维护供给端权益的行业组织,以保证平台上供给端的利益不受损害。

（二）对低价补贴等扰乱市场秩序的行为予以监管

不管是在共享经济平台与传统专业平台竞争时，还是共享平台之间竞争时，由于交叉网络外部性的存在，平台往往采取对一边或两边用户进行补贴的方式争夺用户。比如，滴滴成立之初与快的之间的竞争、Uber与Lyft之间的竞争、Airbnb与booking.com之间的竞争等。这些平台一般采取对用户补贴的方式进行"烧钱"大战，一方面使平台越来越难赢利；另一方面，可能导致由于某一市场的过度进入，造成社会资源的浪费。因此，监管部门应该对扰乱市场秩序的无序竞争行为进行一定的监管。

1. 当地政府应该建立事前监管机制

对涉及公共部门相关市场的共享经济，应积极向相关部门进行备案；对涉及公共资源的共享经济，应该在相关平台企业试图进入市场前，对已有市场的饱和度进行测度，避免出现因为过度进入而造成的企业资金损失和社会福利的降低，即建立事前监管机制，防患于未然，避免社会资源的浪费。

2. 对于已经进入的共享经济平台，应该进行事中监管

政府应该积极、密切关注已进入市场的共享经济平台的竞争行为，诸如之前出现的低价竞争和过度增加共享单车数量等行为。政府应该出面参与监管，不能放任共享经济平台的野蛮竞争，对于侵占公共资源的问题，政府部门应该要求平台进行合理的共享单车的运营调度，或者要求平台对侵占的公共资源给予一定的补偿，必要时通过法律予以约束，保证平台理性发展，以及消费者剩余和社会福利的增加。

（三）积极鼓励供给端规模化不明显的共享经济平台的发展

通过分析共享经济发展演化的定价策略可以看出，当共享经济在发展成熟阶段，即供给端存在两类异质用户时，共享经济平台在保证共享资源差异化水平较高的前提下，随着交叉网络外部性强度的增加，共享经济

平台获得的利润和带来的社会福利明显高于仅有闲置资源供给者的初级发展阶段。

从共享经济的不同分类可以看出,随着共享经济的不断发展,共享经济平台的供给端出现了一些小微规模的供给者,比如共享短租平台出现了一些专业的以短租为职业的二房东;共享出行平台、共享服务平台上也都有专业的全职共享资源的供给者。这种专业供给者相较于散户更稳定、更专业,更容易吸引消费者的接入。因此,为了平台发展,共享经济平台的管理者也需要维持好这一类用户,不仅仅是管控,更多的应该是合作共赢。平台应该对这些供给端用户提供专门的服务或优惠,发挥平台的黏性作用,保证平台的活力和安全,吸引更多的另一边用户。由于专业供给者的存在,以及平台定价能力和掌控能力的增强,平台掌控型商业模式下,共享经济平台与用户的关系更类似于"雇佣"与"被雇佣"的关系,因此这类平台需要给在该平台上专业从事共享服务的从业者提供基本的社会保障,以维护社会公平。

公共部门,一方面应积极鼓励供给端存在一定的专业供给者的共享经济平台型企业的发展,比如共享短租平台、共享服务众包平台(如猪八戒网等)。这类平台上的产品或服务的多样性水平较高,公共部门可以为这类平台的发展提供一定的政策支持或资金支持。另一方面,要为共享经济平台上的专业供给者的基本权益提供一定的政策法律保障,推动成立"共享经济从业者工会",为这类从业者的基本权利的实现提供一定的体制保障。

(四)对平台是否滥用市场地位进行有效测度,避免产生垄断

2021年2月,国务院反垄断委员会(国家市场监督管理总局)出台了《关于平台经济领域的反垄断指南》,可以看出国家对平台经济的垄断问题的关注。一些大的平台因为垄断问题也陆续被处罚和被约谈。由于共享经济具有平台经济的特点,因此在共享经济平台也容易出现"赢家通吃"的局面,"大"平台容易利用其市场势力滥用市场支配地位。

对于出现"赢家通吃"局面的共享经济平台,政府部门应该对其是否运用其市场势力进行垄断进行调查,对其是否滥用市场地位进行测度和评判,避免垄断的产生。以滴滴为例,监管部门应该对滴滴是否涉及垄断进行不间断的调查,并尽快得出相应的结果,但是由于平台交叉网络外部性的存在,监管部门在进行垄断调查的时候,不应一概而论,而是应该对共享经济这种新业态采取新的方式进行评判和监管。

同时对于新出现的竞争者,政府也应该积极鼓励,保持市场活力,避免消费者剩余的减少以及社会福利的降低。对于新进入的竞争者,监管者应该持开放态度鼓励其与在位者(滴滴出行)进行竞争,但是针对竞争中出现的低价竞争,如补贴大战,监管者应该适当地进行规制,避免混战及两败俱伤。共享出行平台涉及公共资源领域,过度进入不仅使平台两边用户的福利降低,对整个社会的交通也会带来一定的阻碍,存在负的社会外部性。因此,监管部门应该在鼓励新进入者参与竞争的同时,对过度进入进行监管。

本章主要介绍了共享经济在发展中出现的问题,分析了国内外监管现状,结合已得出的重要结论,从平台和政府层面,对未来共享经济的发展提出创新性的发展建议。

共享经济在发展中主要出现了以下问题:平台赢利模式不明确,仅靠融资无以为继,一些共享经济平台出现倒闭、估值下降等问题;存在过度进入、低价竞争、占用公共资源的问题,有些共享经济平台在进入某一领域时会出现"蜂拥而入"的情况,并且采取低价竞争策略,给平台自身带来很大的资金问题,同时侵占了社会公共资源,降低了社会福利;由于平台特有的交叉网络外部性的存在,在共享经济业态中,会出现"一家独大"的局面,平台的市场支配地位较高;对平台与平台上供给者的关系界定不明确,如共享出行平台上的司机与平台是雇佣关系还是合约关系等;共享经济平台商业活动的完成大多有线下用户间的接触,因此,也容易产生用户的财产和人身安全等问题。

通过结合国外对共享经济的监管方式和国内目前对共享经济的监管现状,基于对共享经济特征和定价问题等的分析,本章对共享经济在未来的发展提出了创新性建议。

首先,在平台层面,共享经济平台应该根据供给端和需求端用户的特点,进行合理定价,不仅需要考虑两端用户交叉网络外部性的强度,还要考虑平台上的共享资源的多样化、差异化程度,以满足不同消费者的需求。共享经济平台与专业平台进行竞争定价时,还需要考虑平台带给两边用户初始价值差异的高低等因素,对两边用户进行合理定价,避免低价补贴、恶性竞争。由于共享经济平台的供给者大多是散户或者小微规模的供给者,平台对供给者的准入和全方位审核的难度较大,消费端用户的安全隐患也相对较大,因此,平台应该对供给端用户的身份进行更谨慎的审核。平台可以利用其收集到的大数据为政府建立个人信用体系提供一定的数据支持,同时信用体系的建立,反过来可以支持平台对用户身份的全面审核。

其次,在政府层面,应该对共享经济平台的性质进行有效界定,根据其所属领域,制定相应的监管规则,创新监管方式。明确特定平台与用户的关系是雇佣关系还是独立分包商的形式,为保障平台上共享资源供给者的权益,鼓励成立类似于"工会"的行业自律组织,提高供给端用户对平台的议价能力,保障供给者剩余。对于某一领域共享经济平台的过度进入和低价竞争等违背市场规则的行为,监管机构应该采取必要的行政手段予以监管。同时政府应积极鼓励平台上共享资源差异化水平较高、具有小微规模供给者的共享经济平台的发展。对于"赢家通吃"的局面,监管部门对相关共享经济平台进行垄断调查的时候,应该考虑双边平台的特点,不应该一刀切,要采取新的评判和监管方式,保证市场的活力。

第六章 | 结论与展望

- 第一节 主要结论
- 第二节 研究展望

本书主要研究了共享经济平台在其商业生态系统中的定价问题,包括平台对两边用户的定价策略研究,以及供给端对其提供的共享物品的定价特征的研究。具体来看,包括垄断和竞争条件下的平台定价策略、供给端的定价影响因素及定价差异。本章将对这些研究成果进行系统的梳理。

第一节　主要结论

一、共享经济的发展阶段及特点分析

共享经济主要经历了萌芽阶段、最初发展阶段及发展成熟阶段。萌芽阶段,共享经济是仅在需求端的共享,在供给端由专业的共享经济平台(公司)向消费者提供共享的产品或者服务,是一种重资产运作的方式,比如共享经济的鼻祖 Zipcar;最初发展阶段,诞生了共享出行平台 Uber 和共享短租平台 Airbnb,这两类共享经济平台是一种轻资产运作的双边平台模式,"共享"商业行为存在于供给和需求两端,供给端是闲置资源基于使用权而非交易权的共享;发展成熟阶段,由于闲置资源规模的有限性及日益增长的旺盛需求,供给端出现了非闲置资源的共享,即供给端专门从事共享经济这一商业活动,以满足需求端(消费者)对共享资源的需求。

本书主要侧重于共享经济后两个发展阶段的定价策略,即以轻资产运作、采用双边平台模式的共享经济平台,结合共享经济的不同发展阶段,进一步分析了共享经济的特点:(1)共享经济以双边平台模式进行,具有双边市场的特点。共享经济平台两端连接着共享资源的供给者和消

费者,两边用户各自从平台上得到的效用受另一边用户的影响,即用户间存在交叉网络外部性。由于交叉网络外部性的存在,因此共享经济平台对两边用户的定价非中性。(2)共享经济平台上的产品或服务具有多样性。这也是共享经济的一个突出特点,由于多样性的存在,可以迎合消费者不同的需求,带给消费者不同的用户体验。(3)在共享经济发展成熟阶段,在供给端出现了专业的共享资源供给者,因此在这一阶段,共享经济平台供给端存在了两类异质供给者,这两类异质供给者存在不同的回报要求:业余的共享资源供给者的回报要求较低,专业的共享资源供给者的回报要求较高。

二、不同发展阶段共享经济平台定价策略及对比

结合共享经济不同发展阶段的特点,通过建立模型进行均衡分析,结果发现:

第一,在最初发展阶段,共享经济平台对供给端的交易费定价受交易频率、供给者付出的交易成本、用户间的交叉网络外部性强度、闲置资源回报率以及共享资源的差异化水平的影响。交易频率、供给者加入平台后付出的交易成本越高,则平台对供给端的定价越低;消费端的交叉网络外部性越强、闲置资源回报率越高,则平台对供给端的定价越高;供给端的交叉网络外部性越强、共享资源的差异化水平越高,则平台对供给端的定价越低。平台对消费端的定价也受这些因素的影响,交易频率和交易成本同样对其产生反向的影响,其他影响因素对消费端的定价产生的影响与供给端相反。

第二,在共享经济发展成熟阶段,即供给端存在两类不同的回报要求的供给者时,平台对两边用户的定价、用户接入规模及平台利润的影响因素与最初发展阶段一致,它们还受到两类用户的回报率比例的影响:回

报率占比越高,则平台对供给端的交易费定价越高,接入平台的专业供给者越多,接入的业余供给者越少,平台对消费端的定价越低,接入规模也越大,平台获得的利润也越多。

第三,将共享经济发展的两个阶段的均衡定价、最优接入规模、最大利润及带来的社会福利进行对比,可以发现,在当下共享经济所处的发展成熟阶段,平台对供给端的定价大于平台最初发展阶段;接入平台的两边用户的规模均大于最初发展阶段;同时,如果平台上的共享资源差异化程度较高,随着交叉网络外部性强度的增加,在发展成熟阶段,共享经济平台获得的利润和带来的社会福利水平会越来越大于最初发展阶段。

三、共享经济平台与传统专业平台竞争时的定价策略分析

共享经济对传统的商业模式也造成了一定的冲击,共享经济平台和传统的专业平台之间也产生了较强的竞争关系,这两类平台是明显的异质性平台。供给者和消费者在接入这两个平台时,加入平台的初始效用各不相同;共享经济平台上的产品或服务具有更强的多样性,消费者在加入专业平台时存在一定的偏好损失;共享经济平台和专业平台都属于双边市场,平台两边用户之间存在交叉网络外部性。基于以上视角,通过构建共享经济平台与专业平台的竞争模型,分析了共享经济平台在竞争条件下的市场均衡定价和平台利润。结果发现:(1)供给端对平台间差异的敏感程度越高,两个平台对供给端的定价均越高;平台两边用户的交叉网络外部性强度越大,则两个平台对供给端的定价均越低;供给者加入两个平台的初始效用差异越大,即加入共享经济平台的初始效用越高,则共享经济平台对供给端的定价越高,加入专业平台的初始效用越低,则专业平台对供给端的定价越低。(2)共享经济平台对消费者的定价受消费者多样化需求的影响程度较专业平台高一点;交叉网络外部性强度越大,则

两个平台对消费端的定价均越小;加入专业平台给消费者带来的初始效用越高,则共享经济平台对消费者的定价越低;加入共享经济平台给消费者带来的初始效用越低,则专业平台对消费者的定价越高。

本书还通过建立价格领导模型,采用逆序归纳法,分析了共享经济平台和专业平台顺序进入的情形,通过对相关参数进行赋值,分析不同视角下对两个平台的定价策略和最大利润进行数值模拟分析,结果发现:(1)随着两端用户加入平台的初始差异的增加,共享经济平台后续进入市场时,其对两端用户的定价高于其他两种进入情形,获得的利润也高于其他情形。(2)随着供给端对平台间差异的敏感程度、消费端的多样化需求的增加,共享经济平台后续进入市场时,共享经济平台对两边用户的定价低于率先进入市场的情形。而且当共享经济平台后续进入市场时,共享经济平台可以获得更高的利润水平。(3)随着平台两边用户交叉网络外部性强度的增加,两个平台对两边用户的定价均逐渐下降;当共享经济平台后续进入市场时,共享经济平台对两边用户的定价相对其他进入状态要低,而且在后续进入市场时,共享经济平台可以获得更高的利润水平。可以看出,基于不同的视角,共享经济平台和专业平台进行竞争时,当共享经济平台后续进入市场时,共享经济平台在对两边用户的定价和平台利润水平上比专业平台更有优势。

四、供给端用户定价特征:定价影响因素及定价差异

共享经济平台的定价问题,还包括供给端的定价。对于共享资源差异化水平较高的共享经济平台,一般由供给端对其提供的共享物品或服务进行自主定价。由于关于共享经济的数据相对较少,本书运用网络技术获得了共享经济的代表性平台——共享短租平台的房源数据。

首先,分析了共享短租平台的一些特征:(1)房源以整套出租的为

主,而更贴近"共享"(与房东或者房客合住)的独立单间的数量在下降;(2)出现了具有一定规模房源的房东,而且这部分房东的占比在上升;(3)市场集中度较低,行业竞争程度高;(4)房东职业中自由职业和专业房东的比例较高。

其次,从房源住宿价格出发,利用 OLS 回归和 QR 的方法,从专业平台影响因素、房源特性、配套设施、房东特性、消费者评论、区位及房价等因素出发,分析了影响房东的定价策略因素,可以对不同分位数的房东的定价策略进行一定的指导。而且通过分析房源的住宿价格影响因素,可以得到共享经济的一些特点:(1)共享经济带来旅行成本的节约;(2)"共享"性质较强的独立单间房源定价较低,这和其是闲置资源、具有低回报的要求相关;(3)专业平台上酒店的定价对共享房源的定价产生正向影响,存在一定的竞争关系,特别是与低价位的房源的竞争更明显;(4)房东的房源数量对该房源的住宿定价有显著的正向的影响。

最后,根据房源数量对房东进行划分,主要分为两大类:专业房东和业余房东,再将专业房东根据房源数量更进一步细分,继续进行 OLS 回归、边际效应分析和稳健性检验,结果发现专业房东对房源的定价明显高于业余房东,同时专业房东中,拥有大规模房源的房东对房源的定价比小规模和中等规模的房源的定价更高,这也说明了专业房东的回报要求更高,印证了共享经济在发展成熟阶段存在着两类异质供给者的论述。

五、共享经济平台的创新发展建议

本书对共享经济平台在发展中遇到的突出问题进行了梳理,并对共享经济平台未来的创新发展提出了一些建议,主要包括平台层面和政府层面。平台层面:(1)根据供需两端用户的特点对两端用户进行合理定价,避免恶性竞争,同时注重平台上共享资源的多样化、差异化,以满足消费者的不同需求；(2)对接入平台的用户进行更加审慎的身份审核,利用获得的大数据与政府合作,共建个人信用体系,以保证用户的人身安全。政府层面：(1)政府需有效界定共享经济平台的性质、平台与用户的关系,出台适用于共享经济平台的法律法规；(2)对竞争中出现的低价补贴等扰乱市场秩序的行为予以监管；(3)积极鼓励供给端规模化不明显的共享经济平台的发展；(4)对平台是否滥用市场地位进行有效测度,避免垄断的产生。

第二节 研究展望

本书对共享经济平台商业生态系统内的定价问题进行了系统的研究。梳理了共享经济的发展阶段,分析和对比了不同发展阶段下的平台的定价策略；对竞争条件下共享经济平台的定价策略进行分析；通过分析代表性的共享经济平台供给端用户的定价特征,得出一些有用的结论；从垄断和竞争两个方面,对共享经济平台的定价提出相应的建议；通过对具体平台的实证分析,可以对供给端的定价特征有深入的分析,并且得出了用以支撑理论模型前提条件的一些结论。本书还具有一定的拓展空间：

首先,本书主要侧重于对轻资产运作、双边平台模式的共享经济的研究,对重资产运作的共享经济平台没有涉及,这类平台主要有共享单车、共享办公、共享汽车等。原因在于这类平台仅在需求端存在共享,在后续的研究中会向这类平台拓展。

其次,本书将共享经济的发展演化分为3个阶段,这3个阶段是对以往和现在的共享经济所表现出来的特征进行的分析,对于共享经济的未来发展,本书尚未进行预测和分析。

再次,本书主要分析了来自专业平台的竞争,这也是本书的一个重要

第六章　结论与展望

的部分,这是两类有差别的平台的竞争。共享经济平台的竞争还包括共享经济平台间的竞争,由于这类竞争和一般研究的平台间的竞争类似,因此,本书暂不涉及,在以后的研究里,可以进行一定的拓展。

最后,本书的计量分析主要运用了共享短租平台的数据。共享短租平台是典型的共享经济平台。由于数据的可获得及全面性,本书所使用的数据是小猪民宿网站的数据,通过这一平台得出了一些共享经济的特点。在以后的研究里,可以尝试使用不同的共享经济平台的数据对共享经济进行更全面的分析。

参考文献

[1] Andrea G, Christofer L, Christian S, "Digital Disruption beyond Uber and Airbnb — Tracking the Long Tail of the Sharing Economy." *Technological Forecasting and Social Change*, Vol.155, June 2018, pp.1-8.

[2] Abdar, Moloud, K. H. Lai, and N. Y. Yen, "Crowd Preference Mining and Analysis Based on Regional Characteristics on Airbnb." *IEEE International Conference on Cybernetics IEEE*, 2017.

[3] Allen, Darcy, and C. Berg, "The sharing economy: How over-regulation could destroy an economic revolution." *Fast Company*, Vol.5, 2014, pp.24-28.

[4] Acquier, Aurelien, T. Daudigeos, and J. Pinkse, "Promises and paradoxes of the sharing economy: An organizing framework." Technological Forecasting and Social Change, Vol.125, Dec.2017, pp.1-10.

[5] Armstrong M, "Competition in Two-Sided Markets." *The RAND Journal of Economics*, Vol.37, No.3, 2006, pp.668-691.

[6] Argenziano A R, "Asymmetric Networks in Two-Sided Markets." *American Economic Journal: Microeconomics*, Vol.1, No.1, 2009, pp.17-52.

[7] Arvind Malhotra, Marshall Van Alstyne, "The Dark Side of the Sharing Economy. and How to Lighten It." *Communications of the Acm*, Vol.57, No.11, 2014, pp.24-27.

[8] Bardhi F, Eckhardt G M, "Access-Based Consumption: The Case of Car Sharing." *Journal of Consumer Research*, Vol.39, No.4, 2012, pp.881-898.

[9] Belk R, "Why Not Share Rather than Own?" *Annals of the American Academy of Political & Social Science*, Vol.611, No.1, 2007, pp.126-140.

[10] Belk R, "You are What You can Access: Sharing and Collaborative Consumption Online." *Journal of Business Research*, Vol.67, No.8, 2014, pp.1595-1600.

[11] Belleflamme P, Peitz M, "Platform competition: Who benefits from multihoming?"

International Journal of Industrial Organization, Vol.64, 2019, pp.1-26.

[12] Belleflamme P, Peitz M, "Managing Competition on a Two-Sided Platform." *Journal of Economics and Management Strategy*, Vol.28, No.1, 2019, pp.5-22.

[13] Botsman R, Rogers R, "Beyond Zipcar: Collaborative Consumption." *Harvard Business Review*, Vol.88, No.10, 2010.

[14] Brett Harris, "Uber, Lyft, and Regulating the Sharing Economy." *Seattle University Law Review*, Vol.41, 2017, pp.269-285.

[15] Bardey D, Cremer H, Lozachmeur J M, "Competition in Two-Sided Markets with Common Network Externalities." *Review of Industrial Organization*, Vol.44, No.4, 2014, pp.327-345.

[16] Bolt W, Tieman A F, "Social Welfare and Cost Recovery in Two-Sided Markets." *Review of Network Economics*, Vol.5, No.1, 2006, pp.103-117.

[17] Banerjee S, Riquelme C, Johari R, "Pricing in Ride-Share Platforms: A Queueing-Theoretic Approach." *Proceedings of the Sixteenth ACM Conference on Economics and Computation*, ACM, June 639, 2015.

[18] Benjaafar S, Kong G, Li X, et al., "Peer-to-Peer Product Sharing: Implications for Ownership, Usage and Social Welfare in the Sharing Economy." *Management Science*, Vol.65, No.2, 2019, pp.477-493.

[19] Bimpikis K, Candogan O, Saban D, et al., "Spatial Pricing in Ride-Sharing Networks." *Operations Research*, Vol.67, No.3, 2019, pp.744-769.

[20] Cachon, G. P., Daniels, K. M., Lobel, R, "The Role of Surge Pricing on a Service Platform with Self-scheduling Capacity." *Manufacturing & Service and Operations Management*, Vol.19, No.3, 2017, pp.337-507.

[21] Cheng M, "Sharing economy: A Review and Agenda for Future Research." *International Journal of Hospitality Management*, Vol.57, Aug 2016, pp.60-70.

[22] Chang, Hung-Hao, "The economic effects of Uber on taxi drivers in Taiwan." *Journal of Competition Law & Economics*. Vol.13, No.3, 2017, pp.475-500.

[23] Codagnone C, Martens B, "Scoping the Sharing Economy: Origins, Definitions,

Impact and Regulatory Issues." *Social Science Research Network*, 2016.

[24] Chen, M. Keith, "Dynamic Pricing in a Labor Market: Surge Pricing and Flexible Work on the Uber Platform." The 2016 ACM Conference, 2016.

[25] Choi J P, Zennyo Y, "Platform market competition with endogenous side decisions." *Journal of Economics & Management Strategy*, Vol.64, No.5, 2019, pp.1-26.

[26] Caillaud B, Jullien B, "Chicken & Egg: Competition among Intermediation Service Providers." *The Rand Journal of Economics*, Vol.34, No.2, 2003, pp.309-328.

[27] Coyle, D., Yeung, T, "Understanding Airbnb in Fourteen European Cities", *The Jean-Jacques Laffont Digital Chair Working Papers*, 2016.

[28] Cohen B D, Kietzmann J, "Ride on! Mobility Business Models for the Sharing Economy." *DSocial Science Electronic Publishing*, Vol.27, No.8, 2014, pp.279-296.

[29] Cohen M C, Zhang R, "Coopetition and Profit Sharing for Ride-Sharing Platforms." *SSRN Electronic Journal*, 2017.

[30] Dyal-Chand R, "Regulating Sharing: The Sharing Economy as an Alternative Capitalist System." *Tulane Law Review*, Vol.90, No.2, 2015, pp.241-309.

[31] Edelman B, Geradin D, "Efficiencies and Regulatory Shortcuts: How Should We Regulate Companies like Airbnb and Uber?" *Stanford Technology Law Review*, Vol.19, No.2, 2015, pp.293-328.

[32] Edelman B, Luca M, Svirsky D, et al., "Racial Discrimination in the Sharing Economy: Evidence from a Field Experiment." *American Economic Journal: Applied Economics*, Vol.9, No.2, 2017, pp.1-22.

[33] Ert E, Fleischer A, Magen N, et al., "Trust and Reputation in the Sharing Economy: the Role of Personal Photos in Airbnb." *Tourism Management*, Vol.55, 2016, pp.62-73.

[34] Farris P, Yemen G, Weiler V, et al., "Uber Pricing Strategies and Marketing Communications." *Working paper*, 2017.

参 考 文 献

[35] Felson M, Spaeth J L, "Community Structure and Collaborative Consumption." *American Behavioral Scientist*, Vol.21, No.4, 1978, pp.614 – 624.

[36] Fang, Zhixuan, L. Huang, and A. Wierman, "Prices and Subsidies in the Sharing Economy." the 26th International Conference, 2017.

[37] Fang B, Ye Q, Law R, et al., "Effect of Sharing Economy on Tourism Industry Employment." *Annals of Tourism Research*, Vol.57, 2016, pp.264 – 267.

[38] Felländer A, Ingram C, Teigland R, "Sharing Economy: Embracing Chance with Caution." *Entreprenörskapsforum*, 2015.

[39] Fraiberger, Samuel P., and A. Sundararajan, "Peer-to-Peer Rental Markets in the Sharing Economy." *Working Papers*, 2015.

[40] Francesca M, Fabio C, Maria U M, "Accommodation Prices on Airbnb: Effects of Host Experience and Market Demand." *The TQM Journal*, Vol.30, No.5, 2018, pp.608 – 620.

[41] Frenken K, Schor J. "Putting the Sharing Economy into Perspective." *Environmental Innovation & Societal Transitions*, Vol.33, 2017, pp.3 – 10.

[42] Gabszewicz J J, Wauthy X Y, "Vertical Product Differentiation and Two-sided Markets". *Economics Letters*, Vol.123, No.1, 2014, pp.58 – 61.

[43] Gal-Or E, Gal-Or R, Penmetsa N, "Can Platform Competition Support Market Segmentation? Network Externalities Versus Matching Efficiency in Equity Crowdfunding Markets." *Journal of Economics & Management Strategy*, Vol.28, 2019, pp.420 – 435.

[44] Gao M, "Platform Pricing in Mixed Two-Sided Markets." *International Economic Review*, Vol.58, No.3, 2018, pp.1103 – 1129.

[45] Gibbs, Chris, et al., "Pricing in the Sharing Economy: A Hedonic Pricing, Model Applied to Airbnb Listings." *Journal of Travel & Tourism Marketing*, Vol.35, 2017, pp.46 – 56.

[46] Guttentag D, "Airbnb: Disruptive Innovation and the Rise of an Informal Tourism Accommodation Sector." *Current Issues in Tourism*. Vol.12, 2015, pp.1192 – 1217.

[47] Guttentag D, Smith S L, Potwarka L R, et al., "Why Tourists Choose Airbnb: A Motivation-Based Segmentation Study." *Journal of Travel Research*, Vol. 57, No. 3, 2018, pp. 342–359.

[48] Gupta A, Saha B, Banerjee P, "Pricing Decisions of Car Aggregation Platforms in Sharing Economy: a Developing Economy Perspective." *Journal of Revenue and Pricing Management*, Vol. 17, 2018, pp. 341–355.

[49] Hagiu A, "Pricing and Commitment by Two-Sided Platforms." *The Rand Journal of Economics*, Vol. 37, No. 3, 2006, pp. 720–737.

[50] Hagiu, Andrei, "Merchant or Two-Sided Platform?" *Review of Network Economics*, Vol. 6, No. 2, 2007, pp. 115–133.

[51] Hagiu A, Halaburda H, "Information and Two-Sided Platform Profits." *International Journal of Industrial Organization*, Vol. 34, 2014, pp. 25–35.

[52] Hamari J, Sjöklint M, Ukkonen A, "The Sharing Economy: Why People Participate in Collaborative Consumption." *Journal of the Association for Information Science & Technology*, Vol. 67, No. 9, 2016, pp. 2047–2059.

[53] Henten, Anders and Iwona Windekilde, "Transaction Costs and the Sharing Economy." *Info*, Vol. 18, 2015, pp. 1–15.

[54] Horton J J, Zeckhauser R J, "Owning, Using and Renting: Some Simple Economics of the Sharing Economy." *Working Paper*, 2016.

[55] Israeli A A, "Star Rating and Corporate Affiliation: Their Influence on Room Price and Performance of Hotels in Israel." *International Journal of Hospitality Management*, Vol. 21, No. 4, 2002, pp. 405–424.

[56] Katz M L, Shapiro C, "Network Externalities, Competition, and Compatibility." *The American Economic Review*, Vol. 75, No. 3, 1985, pp. 424–440.

[57] Kathan W, Matzler K, Veider V, "The Sharing Economy: Your Business Model's Friend or Foe?" *Business Horizons*, Vol. 59, No. 6, 2016, pp. 663–672.

[58] Ke Q, "Sharing Means Renting?: An Entire-marketplace Analysis of Airbnb." *Web Science*, 2017, pp. 31–139.

参 考 文 献

[59] Kim J, Yoon Y, Zo H, et al., "Why People Participate in the Sharing Economy: A Social Exchange Perspective." *Pacific Asia Conference on Information Systems*, 2015.

[60] Koopman C, Matthew D. Mitchell, Adam D. Thierer, "The Sharing Economy and Consumer Protection Regulation: The Case for Policy Change." *Journal of Business Entrepreneurship and the Law*, Vol.8, No.2, 2015. pp.530－540.

[61] Kooti F, Grbovic M, Aiello L M, et al., "Analyzing Uber's Ride-sharing Economy." *Proceedings of the 26th International Conference on World Wide Web Companion*, 2017, pp.574－582.

[62] Kreiczer-Levy S, "Consumption Property in the Sharing Economy." *Pepperdine Law Review*, Vol.43, 2014. pp. 61－124.

[63] Kristof Gyodi, "An Empirical Analysis on the Sharing Economy: The Case of Airbnb in Warsaw." *Institute of Economic Research*, No.33, 2017.

[64] Kung L C, Zhong G Y, "The Optimal Pricing Strategy for Two-sided Platform Delivery in the Sharing Economy." *Transportation Research Part E: Logistics and Transportation Review*, Vol.101, 2017, pp.101: 1－12.

[65] Lamberton C, Rose R L, "When is Ours Better Than Mine? A Framework for Understanding and Altering Participation in Commercial Sharing Systems." *Journal of Marketing*, Vol.76, No.4, 2012, pp.109－125.

[66] Lagos, Ricardo, "An Analysis of the Market for Taxicab Rides in New York City." *International Economic Review*, Vol.44, No.2, 2003, pp.423－434.

[67] Lessig L, "Remix: Making Art and Commerce Thrive in the Hybrid Economy." *New York: Penguin Press*, 2008.

[68] Lee S K, Jang S C S, "Room Rates of U.S. Airport Hotels: Examining the Dual Effects of Proximities." *Journal of Travel Research*, Vol. 50, No. 2, 2011, pp.186－197.

[69] Malhotra A, Van Alstyne M, "The Dark Side of the Sharing Economy ... and How to Lighten It." *Communications of the Acm*, Vol.57, No.11, 2014, pp.24－27.

[70] Mao Z X, Lyu J Y. "Why Travelers Use Airbnb Again? An Integrative Approach to Understanding Travelers' Repurchase Intention". *International Journal of Contemporary Hospitality Management*, Vol. 29, No. 9, 2017, pp. 2464-2482.

[71] Ma Q, Huang J, Basar T, et al, "Pricing for Sharing Economy with Reputation." *Measurement and Modeling of Computer Systems*, Vol. 44, No. 3, 2017, pp.32-32.

[72] Mair, Johanna, Reischauer, Georg, "Capturing the Dynamics of the Sharing Economy: Institutional Research on the Plural Forms and Practices of Sharing Economy Organizations." *Technological Forecasting & Social Change*. Vol.125, No.5, 2017, pp.11-20.

[73] Martin E, Shaheen S, Lidicker J, "Impact of Carsharing on Household Vehicle Holdings." *Transportation Research Record: Journal of the Transportation Research Board*, Vol.2143, No.1, 2010, pp.150-158.

[74] Miller S R, "First Principles for Regulating the Sharing Economy." *Harvard Journal on Legislation*, Vol.53, No.1, 2015, pp.147-202.

[75] Monty B, Skidmore M, "Hedonic Pricing and Willingness to Pay for Bed and Breakfast Amenities in Southeast Wisconsin." *Journal of Travel Research*, Vol. 42, No.2, 2003, pp.195-199.

[76] Moloud Abdar, Kuan-Hua Lai, Neil Y. Yen, "Crowd Preference Mining and Analysis Based on Regional Characteristics on Airbnb." *IEEE International Conference on Cybernetics IEEE*, 2017.

[77] Munkoe, Mikkel M, "Regulating the European Sharing Economy: State of Play and Challenges." Vol.52, No.1, 2003, *Intereconomics*, 2017, pp.38-44.

[78] P. Cohen, R. Hahn, J. Hall, S. Levitt, and R. Metcalfe, "Using Big Data to Estimate Consumer Surplus: The Case of Uber." *Technical Report*, National Bureau of Economic Research, 2016.

[79] Pavlov V, Berman R. "Price Manipulation in Peer-to-Peer Markets and the Sharing Economy." *NET Institute Working Paper*, pp.19-10.

参 考 文 献

[80] Quattrone G, Proserpio D, Quercia D, et al, "Who Benefits from the Sharing Economy of Airbnb." *WWW '16:25th International World Wide Web Conference*, 2016, pp.1385–1394.

[81] Rauch D, Schleicher D, "Like Uber, But for Local Governmental Policy: The Future of Local Regulation of the 'Sharing Economy'." *Ohio State Law Journal*, Vol.58, No.2, 2015, pp.613–627.

[82] Rochet J C, Tirole J, "Platform competition in two-sided markets." *Journal of the European Economic Association*, Vol.1, No.4, 2003, pp.990–1029.

[83] Rochet J C, Tirole J, "Two-sided Markets: a Progress Report." *The Rand Journal of Economics*, Vol.37, No.3, 2006, pp.645–667.

[84] Roger G. "Two-sided Competition with Vertical Differentiation." *Journal of Economics*, Vol.120, No.3, 2017, pp.193–217.

[85] Ranchordas, Sofia, "Does Sharing Mean Caring? Regulating Innovation in the Sharing Economy." *Minnesota Journal of Law, Science & Technology*, Vol.16, No.1, 2015, pp.413–475.

[86] Ribeiro V M, João Correia-da-Silva, Resende J, "Nesting Vertical and Horizontal Differentiation in Two-Sided Markets." *Bulletin of Economic Research*, Vol.68, No.1, 2016, pp.133–145.

[87] Roson R, "Platform Competition with Endogenous Multihoming." *FEEM Working Paper*. 2005.

[88] Smorto G, "Regulating (and Self-regulating) the Sharing Economy in Europe: An Overview." *Multidisciplinary Design of Sharing Services*, 2018, pp.111–126.

[89] Tang C, Bai J, So K, Chen X, Wang H, "Coordinating Supply and Demand on an On-demand Platform: Price, Wage, and Payout Ratio." *Manufacturing & Service and Operations Management*, Vol.21, No.3, 2019, pp.556–570.

[90] Taylor T A, "On-Demand Service Platforms." *Manufacturing & Service Operations Management*, Vol.20, No.4, 2018, pp.704–720.

[91] Thomas A. Weber, "Product Pricing in a Peer-to-Peer Economy." *Journal of*

Management Information Systems, Vol.33, No.2, 2016, pp.573-596.

[92] Wang X, He F, Yang H, et al., "Pricing Strategies for a Taxi-hailing Platform." *Transportation Research Part E: Logistics and Transportation Review*, Vol.93, 2016, pp.212-231.

[93] Wallsten, S, "The Competitive Effects of the Sharing Economy: How is Uber Changing Taxis." *Technology Policy Institute*, Vol.22, No.3, 2015, pp.123-134.

[94] Wang D, Nicolau J L, "Price Determinants of Sharing Economy Based Accommodation Rental: A Study of Listings from 33 Cities on Airbnb. com." *International Journal of Hospitality Management*, Vol.62, 2017, pp.120-131.

[95] Yao Z, Zhu C, "Pricing Strategy of Sharing Economy with Cross-Group Network Effect." *Working Paper*, 2017.

[96] M. Zhang, X. Cheng, X. Luo and S. Fu, "An Empirical Business Study on Service Providers' Satisfaction in Sharing Economy," *2016 IEEE First International Conference on Data Science in Cyberspace (DSC)*, Changsha, China, 2016, pp.514-519.

[97] Zhenxing Mao, Jiaying Lu, "Why Travelers Use Airbnb Again?: An Integrative Approach to Understanding Travelers' Repurchase Intention." *International Journal of Contemporary Hospitality Management*, Vol. 29, No. 2, 2017, pp.2464-2482.

[98] Z. Cullen and C. Farronato, "Outsourcing Tasks Online: Matching Supply and Demand on Peer-to Peer Internet Platforms." *Working Paper*, 2018.

[99] Zervas G, Proserpio D, Byers J W, et al., "The Rise of the Sharing Economy: Estimating the Impact of Airbnb on the Hotel Industry." *Journal of Marketing Research*, Vol.54, No.5, 2017, pp.687-705.

[100] Zervas G, Proserpio D, Byers J, "A First Look at Online Reputation on Airbnb, Where Every Stay is Above Average." *Marketing Letters*, Vol. 32, 2015, pp.1-16.

[101] Zhu G, So K K, Hudson S, et al., "Inside the Sharing Economy: Understanding

参考文献

Consumer Motivations Behind the Adoption of Mobile Applications." *International Journal of Contemporary Hospitality Management*，Vol. 29，No. 9，2017，pp.2218 - 2239.

[102] 阿里研究院、德勤研究：《平台经济协同治理三大议题》，2017 年 10 月。

[103] 爱彼迎 Airbnb：《中国房东社区报告》，2019 年 12 月。

[104] 曹俊浩、陈宏民、孙武军：《多平台接入对 B2B 平台竞争策略的影响——基于双边市场视角》，《财经研究》2010 年第 9 期。

[105] 程贵孙：《组内网络外部性对双边市场定价的影响分析》，《管理科学》2010 年第 1 期。

[106] 陈立中、唐恬：《住房租赁平台中的定价行为与策略——来自 X 平台企业的证据》，《当代财经》2023 年第 2 期。

[107] 陈子燕、邓丽：《短租市场租赁平台定价机制研究——基于不同房东类型的分析》，《价格理论与实践》2019 年第 5 期。

[108] 陈凤娣、廖萍萍：《共享经济发展的特征、问题与对策——基于生产关系变迁视角》，《亚太经济》2022 年第 4 期。

[109] 陈靖、张晨曦、吴一帆：《考虑消费行为的共享经济平台定价模式研究》，《管理评论》2022 年第 9 期。

[110] 陈兵、赵青：《共享经济下灵活就业人员劳动权益保障机制研究》，《兰州学刊》2022 年第 11 期。

[111] 常庆欣、张旭、谢文心：《共享经济的实质——基于马克思主义政治经济学视角的分析》，《马克思主义研究》2018 年第 12 期。

[112] 程宣梅、朱述全、陈侃翔等：《共享经济视角下企业市场进入的内在机制研究——基于共享出行行业的定性比较分析》，《南开管理评论》2023 年第 1 期。

[113] 董成惠：《共享经济：理论与现实》，《广东财经大学学报》2016 年第 5 期。

[114] 董成惠：《网约车类共享经济监管的理性思考：公共政策抑或竞争政策》《电子政务》2019 年第 8 期。

[115] 董晓松、霍依凡、赵星：《共享经济可持续性评价：社会感知与客观绩效》，《科研管理》2023 年第 1 期。

[116] 代昀昊、王晓允、童心楚：《从共享经济到低碳经济——来自共享单车平台进驻的证据》，《数量经济技术经济研究》2024年第3期。

[117] 但斌、熊俊、眭蓉华等：《考虑双边用户多归属与组内网络效应的第三方制造平台服务与定价策略》，《管理评论》2023年第12期。

[118] 刁新军、杨德礼、任雅威：《具有网络外部性的产品纵向差异化策略》，《预测》2009年第6期。

[119] 滴滴政策研究院：《新经济，新就业——2017年滴滴出行平台就业研究报告》，2017年10月。

[120] 滴滴发展研究院：《技术进步与女性发展：滴滴平台女性新就业报告》，2019年3月。

[121] 费威：《共享经济模式及其监管制度供给》，《经济学家》2018年第11期。

[122] 傅联英：《全局竞争视角下支付平台的交换费定价策略》，《产经评论》2021年第6期。

[123] 傅馨、孙晶、蔡舜等：《在线社交知识共享平台的多阶段定价策略》，《管理科学学报》2024年第3期。

[124] 国家信息中心：《中国共享经济发展年度报告(2019)》，2019年3月。

[125] 关钰桥、孟韬：《数字时代共享经济商业模式合法性获取机制研究——以滴滴出行、哈啰出行和闲鱼为例》，《财经问题研究》2022年第5期。

[126] 关乐宁：《共享经济发展与扩大内需战略：机理、梗阻及路径》，《消费经济》2023年第6期。

[127] 郭敏、李肖楠：《考虑乘客取消订单的网约车平台定价策略》，《运筹与管理》2022年第1期。

[128] 高智：《系统科学视域下中国共享经济发展质量的实证研究》，《系统科学学报》2024年第1期。

[129] 黄鹤：《在线评论对电商平台定价与消费者渠道选择的影响》，《管理评论》2023年第12期。

[130] 黄快林、龙红明：《在线旅游共享经济平台动态定价模型分析》，《南通大学学报（社会科学版）》2016年第4期。

[131] 何勤、杨宜勇、程雅馨等：《共享经济下平台型灵活就业劳动者就业选择影响因素差异研究——以"微工网"为案例》，《宏观经济研究》2019年第8期。

[132] 贺明华、梁晓蓓、肖琳：《共享经济监管机制对感知隐私风险、消费者信任及持续共享意愿的影响》，《北京理工大学学报（社会科学版）》2018年第6期。

[133] 郝金磊、尹萌：《基于扎根理论的共享经济商业模式创新要素及路径——以小猪民宿为例》，《首都经济贸易大学学报》2019年第3期。

[134] 纪汉霖、王小芳：《平台差异化且用户部分多归属的双边市场竞争》，《系统工程理论与实践》2014年第6期。

[135] 蒋国银、陈玉凤、匡亚林：《共享经济平台数据治理：框架构建、核心要素及优化策略》，《情报杂志》2021年第8期。

[136] 剌利青、徐菲菲、韩磊：《北京市Airbnb房源价格影响因素计量分析》，《经济地理》2022年第6期。

[137] 黎张炎、浦徐进、林锡杰：《基于行为互动视角的内容商在线视频平台接入策略研究》，《管理评论》2020年第5期。

[138] 李静、张玉林：《考虑网络效应和业务拓展的平台定价策略研究》，《系统工程理论与实践》2020年第3期。

[139] 李春发、楚明森、解雯倩：《网络外部性下销售——回收电商平台最优收费策略研究》，《软科学》2020年第3期。

[140] 李牧南、黄槿：《我国当前共享经济发展障碍与相关政策启示》，《科技管理研究》2020年第8期。

[141] 李佳颖：《共享经济的内涵、模式及创新监管的对策》，《经济体制改革》2017年第6期。

[142] 李建斌、梅启煌、张蕊等：《运单体积不确定对货运共享平台定价决策的影响研究》，《运筹与管理》2021年第4期。

[143] 李立威：《分享经济中多层信任的构建机制研究——基于Airbnb和小猪民宿的案例分析》，《电子政务》2019年第2期。

[144] 李刚、周加来：《共享经济的学缘基础、生成路径与福利效应》，《中山大学学报（社会科学版）》2020年第2期。

[145] 林建武：《算法与自由：平台经济中的自由劳动是否可能?》，《兰州学刊》2022年第5期。

[146] 刘兴汉、钟晓敏：《O2O视角下的共享经济商业模式研究》，《现代商业》2017年第29期。

[147] 刘奕、夏杰长：《共享经济理论与政策研究动态》，《经济学动态》2016年第4期。

[148] 刘蕾、鄢章华：《共享经济——从"去中介化"到"再中介化"的被动创新》，《科技进步与对策》2017年第7期。

[149] 刘征驰、蒋贵艳、马滔：《服务质量、需求强度与共享出行平台定价——基于平台封闭与开放策略的视角》，《中国管理科学》2021年第9期。

[150] 刘刊、周宏瑞、曲玉玲：《C2C共享模式下多边市场均衡机制及定价决策》，《管理评论》2023年第6期。

[151] 吕正英、顾锋、李毅等：《双边规模不对称情形下平台型企业竞争策略研究》，《软科学》2016年第7期。

[152] 刘大为、李凯：《用户多归属与双边平台竞争的均衡分析》，《东北大学学报（自然科学版）》2012年第1期。

[153] 罗宾·蔡斯：《共享经济：重构未来商业新模式》，浙江人民出版社2015年版。

[154] 马强：《共享经济在我国的发展现状、瓶颈及对策》，《现代经济探讨》2016年第10期。

[155] 马清、许恒：《共享经济平台交易费用规制研究》，《产业经济评论》2018年第1期。

[156] 马双、王智豪、张超：《共享住宿如何影响房屋租赁市场？替代和供给市场规模的调节作用》，《管理评论》2022年第8期。

[157] 彭岳：《共享经济的法律规制问题——以互联网专车为例》，《行政法学研究》2016年第1期。

[158] 乔洪武、张江城：《共享经济：经济伦理的一种新常态》，《天津社会科学》2016年第3期。

[159] 秦海涛：《共享经济商业模式探讨及在我国进一步发展的建议》，《商业经济研究》2016年第24期。

[160] 曲振涛、周正、周方召：《网络外部性下的电子商务平台竞争与规制——基于双边

市场理论的研究》,《中国工业经济》2010 年第 4 期。

[161] 孙瑜晨:《互联网共享经济监管模式的转型:迈向竞争导向型监管》,《河北法学》2018 年第 10 期。

[162] 沈琼、苏丹:《网约车对传统出租车行业冲击的实证分析——以滴滴打车为例》,《河南工业大学学报(社会科学版)》2017 年第 2 期。

[163] 施杨、赵曙明、张宏远:《共享经济时代人力资源管理模式转型:现实诉求、理论框架与建构路径》,《江海学刊》2022 年第 5 期。

[164] 宋亚楠、南瑞娟、谷炜等:《基于司机服务努力水平的共享出行平台定价与补贴策略研究》,《中国管理科学》2024 年第 2 期。

[165] 单姗:《交叉网络外部性与平台竞争的模拟分析》,《统计与决策》2017 年第 10 期。

[166] 汤天波、吴晓隽:《共享经济:"互联网＋"下的颠覆性经济模式》,《科学发展》2015 年第 12 期。

[167] 汤黎明、汤非平、贾建宇:《我国共享经济的理论价值、实践意义与模式创新》,《宏观经济管理》2022 年第 4 期。

[168] 胥莉、陈宏民:《具有网络外部性特征的企业定价策略研究》,《管理科学学报》2006 年第 6 期。

[169] 肖华男、土天璐:《以滴滴为例的共享经济定价问题研究》,《合肥工业大学学报(社会科学版)》2018 年第 4 期。

[170] 许荻迪:《共享经济与泛共享经济比较:基于双边市场视角》,《改革》2019 年第 8 期。

[171] 谢运博、陈宏民:《多归属、互联网平台型企业合并与社会总福利》,《管理评论》2018 年第 8 期。

[172] 谢立达:《共享经济发展的困境与突破探讨》,《中国集体经济》2022 年第 2 期。

[173] 严蕾:《民宿短租平台用户使用意愿的影响因素探究——以 Airbnb 为例》,《中国商论》2019 年第 7 期。

[174] 杨浩雄、魏彬:《网络约车与出租车的竞争博弈研究——以平台补贴为背景》,《北京社会科学》2016 年第 5 期。

[175] 岳中刚:《双边市场的定价策略及反垄断问题研究》,《财经问题研究》2006 年第

8期。

[176] 吴光菊：《基于共享经济与社交网络的 Airbnb 与 Uber 模式研究综述》，《产业经济评论》2016 年第 2 期。

[177] 吴晓隽、方越：《基于双边市场理论的共享经济平台定价策略剖析》，《南京财经大学学报》2017 年第 5 期。

[178] 吴晓隽、裘佳璐：《Airbnb 房源价格影响因素研究——基于中国 36 个城市的数据》，《旅游学刊》2019 年第 4 期。

[179] 王保乾、邓菲：《共享经济中的短租房均衡价格——基于个人微观数据与混合 Logit 模型》，《产经评论》2018 年第 3 期。

[180] 王强、陈宏民：《差异化买家条件下网络平台收费对价格离散程度的影响》，《上海交通大学学报》2017 年第 2 期。

[181] 王志宏、傅长涛：《用户不同归属行为下货运共享经济平台的定价策略研究》，《管理学报》2019 年第 7 期。

[182] 王春英、陈宏民：《共享短租平台住宿价格及其影响因素研究——基于小猪民宿网站相关数据的分析》，《价格理论与实践》2018 年第 6 期。

[183] 王立剑：《共享经济平台个体经营者用工关系及社会保障实践困境研究》，《社会保障评论》2021 年第 3 期。

[184] 王伟：《信用法治视角下的共享经济监管》，《法学论坛》2022 年第 3 期。

[185] 王水莲、李志刚、杜莹莹：《共享经济平台价值创造过程模型研究——以滴滴、爱彼迎和抖音为例》，《管理评论》2019 年第 7 期。

[186] 邹佳、郭立宏：《用户信息对非对称竞争的双边平台利润影响研究——基于 Stackelberg 价格博弈模型》，《经济问题》2017 年第 3 期。

[187] 邹佳、郭立宏：《基于两阶段价格博弈的双边平台两部收费研究》，《软科学》2016 年第 12 期。

[188] 郑志来：《共享经济的成因、内涵与商业模式研究》，《现代经济探讨》2016 年第 3 期。

[189] 赵菊、王艳、刘龙：《在线短租平台的赢利模式及定价策略研究》，《运筹与管理》2021 年第 9 期。

[190] 张丙宣、华逸婕:《共享经济的监管:一个分析框架——以共享单车为例》,《浙江社会科学》2019年第5期。

[191] 张翼飞、陈宏民:《长尾市场中平台的最优规模和竞争策略》,《系统管理学报》2020年第3期。

[192] 张凯、董远山:《双边平台中用户运营成本与定价策略选择》,《管理工程学报》2019年第3期。

[193] 张小静、张玉林:《考虑用户参与价值创造的共享平台定价策略研究》,《管理学报》2023年第9期。

[194] 中国退役士兵就业创业服务促进会、滴滴出行:《2018新经济平台退役军人就业报告》,2018年7月。

[195] 钟丽、艾兴政、汪敢甫:《竞争性双边平台的纵向结构选择策略研究》,《管理学报》2019年第3期。

[196] 郑晨蓉:《平台型企业承担社会责任的法律规制困境及出路》,《云南师范大学学报(哲学社会科学版)》2022年第3期。

[197] 周永意、张玉林:《考虑局部市场间用户移动的竞争平台广告投放和定价研究》,《中国管理科学》2024年第1期。

[198] 朱晗:《O2O背景下的共享经济研究》,《系统工程理论与实践》2021年第2期。

[199] 赵琳、唐权:《我国共享经济税收治理的问题与对策》,《南方金融》2021年第11期。

[200] 赵怡:《我国共享经济税收征管的现状、挑战与对策》,《财政科学》2022年第12期。

后 记

时光如白驹过隙,转瞬即逝。时隔三年多,终于在博士论文的基础上完成了人生的第一本著作。当年,拜导师陈宏民教授的悉心指导,才得以完成博士期间的学习和论文写作。

首先,感谢导师陈宏民教授,他严谨的治学态度、崇高的学术追求、高尚的人格品质,对我的博士生涯及职业生涯,都产生了很深的影响。他让我明白,一个做学问的人要学会时时思考、深入思考,透过问题看本质,用经济学理论去分析问题、解决问题。这也是我在生活和工作中遇到难题时,要掌握的一种本领。此外,感谢博士生涯中给我诸多帮助的同学和老师们,在最难忘的五年半时光,我们一起面对困难、克服困难。

共享经济兴起于 20 多年前。最早可追溯到美国罗宾·蔡斯创办的汽车分时租赁平台 Zipcar。因此,她也被称为共享经济的鼻祖。罗宾·蔡斯是一位杰出的女性企业家,在创办 Zipcar 时,已是三个孩子的母亲,这也再次让我们看到了"她力量"。随着互联网技术的发展,2008 年,共享短租平台 Airbnb 成立;2009 年,共享出行平台 Uber 成立,人类迅速进入共享经济时代,在衣食住行等方面都出现了共享经济平台。共享经济进入繁荣时期,深入分析共享经济平台的内在发展逻辑显得尤为重要。

本书主要围绕共享经济平台的定价问题展开,一方面研究了平台对两边用户的定价机制——均衡定价、最大利润及最优社会福利;另一方面研究了平台供给端对其提供的共享资源的定价问题,这主要是由于共享经济在现发展阶段表现出很强的"共享资源的非闲置性",这也驱使供给端对共享资源的定价呈现新特点。本书旨在为共享平台经济的定价提供政策建议;在规制部分,尝试为共享经济的良性可持续发展提供监管建议。

后　记

其次,书稿的完成离不开家庭的支持。感谢爱人和孩子对我的支持,没有他们的支持,我无法完成博士论文的写作,也无法完成书稿的修改、完善。

再次,本书的出版受到了中共上海市委党校的资助,感谢学校对学术著作出版的支持。

最后,感谢《社会科学报》段钢社长对本书出版的倾力相助。感谢上海社会科学院出版社及编辑周萌老师。从初稿的修改到定稿、编校等各环节,都展现了周老师兢兢业业的工作态度和专业的职业素养,在此一并致谢。

王春英
2024 年 6 月于上海

图书在版编目(CIP)数据

共享经济平台的定价问题研究 / 王春英著. -- 上海：上海社会科学院出版社，2024. -- ISBN 978-7-5520-4504-8

Ⅰ.F490.6

中国国家版本馆 CIP 数据核字第 20242TS660 号

共享经济平台的定价问题研究

著　　者：王春英
责任编辑：周　萌
封面设计：黄婧昉
出版发行：上海社会科学院出版社
　　　　　上海顺昌路 622 号　邮编 200025
　　　　　电话总机 021-63315947　销售热线 021-53063735
　　　　　https://cbs.sass.org.cn　E-mail:sassp@sassp.cn
照　　排：南京展望文化发展有限公司
印　　刷：上海盛通时代印刷有限公司
开　　本：710 毫米×1010 毫米　1/16
印　　张：15.5
字　　数：208 千
版　　次：2024 年 8 月第 1 版　2024 年 8 月第 1 次印刷

ISBN 978-7-5520-4504-8/F·781　　　定价：98.00 元

版权所有　翻印必究